coronomics

After the corona shock - a fresh start from the crisis

コロノミクス

世界経済はどこへ向かうのか?
我々は何を備えるべきか?

ダニエル・ステルター【著】

Daniel Stelter

慶應義塾大学大学院メディアデザイン研究科教授

岸博幸【監訳】

ACHIEVEMENT PUBLISHING

はじめに

新型コロナウイルス（COVID―19）が欧州そして世界経済を席捲し、パンデミック（世界的大流行）によって引き起こされた医療、経済危機は新たな局面に入っている。たとえ、世界経済が急回復し、危機前と同様の好調を取り戻すことができたとしても、我々は長期にわたって、パンデミックの不安を抱えることになるだろう。今回のコロナショックの経済に対する影響は深刻であり、長引く見通しである。

もっとも重要なのは、こうした影響が経済政策における新たな時代の到来を告げることになるという点だ。わたしはこれを「コロナ」と「エコノミクス」を組み合わせ、「コロノミクス」と呼ぶことにする。今後10年間で、こうして新たな経済政策が形成され、世界を根底から変えることになる。インフレ再燃の可能性は高く、その状況は、ここ数年よりもはるかに悪化することが予想される。

その一方で、政治改革は宙に浮いたままだった。たとえ新型コロナウイルスの感染拡大がなかったとしても、世界経済は深刻な問題へと向かっていたのだ。ウイルスは単にこうした問題を悪化、加速させただけである。ここにきて、我々はまるで虫眼鏡で見ているように、すべての弱点をはっきりと目にすることができる。

多くの読者は一部の評価基準にショックを受け、受け入れること、ましてや支持することなどできないと抗議するだろう。わたしはこうした声に反論したい。つまり、この本のなかで説明している事柄はすべて、否応なく実現する見通しであり、企業や個人はこれらに備える必要があることなのだ。唯一、備えることで日本とその経済、そして最終的には欧州のダメージ拡大を防ぐことができる。

コロノミクスは好むと好まざるとにかかわらず近づいている。

2020年4月　ベルリンにて

目次

第2章　壊れやすい金融システム

第3章　ウイルスという究極のショック

第4章

経済の人工昏睡

第5章

閉じたものは再開しなければならない

第6章 ユーロ圏という危機的患者

第7章 誰が負担するのか?

第8章 金融政策の終局

第11章 変化を促進するコロナウイルス

第1章

ウイルスが弱った経済を直撃

2019年はよい年だった。少なくとも金融市場にとっては。ドイツ銀行のデータによると、投資家は事実上、損失を出すことが不可能な状態にあった。先進国、途上国の別にかかわらず、株式、社債、国債はすべて上昇した。同様に、原油と金の価格も値上がりした。たとえ、利上げを実施するために十分な経済成長を達成できなかったとしてもだ。キャピタルマーケットにとっては理想的な環境だった。マーケットは上昇を続け、高値を更新した。

世界は戦後最長の景気拡大に加え、金融危機とユーロ危機の終了に沸いた。一見すると、明るい未来が待ち受けているようだった。ただ、こうした楽観的な見方は見せかけにすぎなかった。経済と金融市場は決して健全な状況にはなかったからだ。警戒すべき兆候は蓄積され、政治家や中央銀行に対し、世界経済は彼らの期待しているほど堅調ではないことを証明した。エコノミストはキャピタルマーケットにおける新たな過剰と予想される調整に関して多くの警告を発したが、何が次の景気後退の引き金になるのかは理解していなかった。

危機前の成長を回復していない

新型コロナウイルス発生前の世界経済の状況を検討することには価値がある。なぜウイルスが経済に壊滅的な影響を与えているのか、危機から抜け出すためには何が必要なのか、我々の経済システムをより堅固かつ持続可能なものにするために、今回の危機克服後に何が変わらなければならないのか。これらに関して理解が深まるからだ。

2009年の世界金融危機のピーク以降、景気は回復してきたが、過去の回復局面に比べれば期待外れだったという点を認めなければならない。経済成長は2008年の暴落前の水準を大きく下回っていた。こうした状況を数値化する目的で、エコノミストらはいわゆる「トレンド成長率」、つまりすべてが危機前のまま継続していた場合の経済展開を実際の状況と比較している。2つの差が危機とその結果として失われた富の額を示している※1。これはかなりの額に上る！

米国は約4兆ドルを失った。これは2019年の同国の国内総生産（GDP）のほぼ20％に相当する。米国は2000年のインターネットバブル崩壊などの景気後退からつねに完全復活を遂げてきたという過去の実績からみると、極めて異例の金額といえる。

ユーロ圏は米国よりもさらに厳しい状況にあると考えられる。いわゆる「GDPギャップ」は推定3・5兆ユーロ（420兆円）で米国のGDPギャップを上回る。同地域は2006年、2007年の一時期を除き、2000年以降、衰退の道をたどっていると結論づけなければならない。

2019年に域内GDPの29％を占め、ユーロ圏の原動力と言われるドイツの成長も低調だった。2019年末までの同国のGDPは、2009年の金融危機前の水準が継続していた場合を約7000億ユーロ（84兆円）下回った。同国が低金利、ユーロ安、中国の投資ブームの最大の恩恵を享受していたにもかかわらずだ。

ユーロ安がこの成長を後押ししていた。英「エコノミスト」誌によると、2020年1月にユーロは対米ドルで19％過小評価されていた。一方で、仮にドイツマルクが存続したとすると、おそらく最適な代理通貨となるスイスフランは対米ドルで18％過大評価されていた[※2]。これはユーロ安がドイツ輸出業界を大きく後押ししていたことを証明している。

それでも悪化に向かう兆候がみられていた。2016年以降、鉱工業生産が同国のGDPに占める比率は23%から21・5%と、金融危機以降で最低の水準まで低下していた。ドイツ自動車業界は国内の生産能力を削減させて、ドイツ以外の欧州の国々や世界各地での生産能力を増強したので、同国の競争力の大幅な低下につながった。

欧州でもっとも高水準の電力料金も低下を後押しした。同国が準備不十分なまま原子力発電の全面廃止に踏み切ったうえに、巨額の補助金を投じ再生可能エネルギーを重視したためである。ドイツの「フランクフルター・アルゲマイネ・ツァイトゥング」紙はひそかな「産業の空洞化」に言及した[※3]。さらに電気自動車へのテクノロジー・シフトという存続に対する脅威も相まって、ドイツ経済の衰退軌道は続くと考えられた。ドイツはユーロ圏経済のもっとも重要な柱であることから、その経済力の低下はユーロ圏の一段の弱体化につながるだろう[※4]。

イタリアとギリシアはこの10年間に大きな失望を味わった。イタリアは2000年から

2009年にかけて低成長が続き、金融危機、ユーロ危機から回復したのは2019年末のことだった。GDPは2002年の水準にとどまり、ほぼ20年間にわたって実質経済成長率がゼロとなった！　同国の実質GDPは1兆6000億ユーロ（192兆円）と、トレンド成長に基づく推定水準を1兆ユーロ（120兆円）も下回った。

ギリシアは、1500億ユーロ（18兆円）の差が生じるというもっとも極端な例で、これは2019年のGDP、1950億ユーロ（23兆4000億円）の約70％に相当する。2008年の同国のGDPははるかに高水準だったことから、この差は520億ユーロ（6兆2400億円）にとどまっていた。

ユーロ圏は低成長とデフレ傾向が組み合わさった「日本シナリオ」の方向に向かっているると思われた。国と中央銀行の努力にもかかわらず、日本は過去数十年にわたる停滞を克服できていない。1980年代後半のバブル崩壊以降、同国は低成長と低インフレに苦しんでおり、労働力人口の減少が事態を悪化させている。

とくに低成長、労働力人口の減少、低インフレという類似点がますますはっきりとしてきたことから、こうした状況は欧州にとって明るい兆候とはいえなかった。一部のエコノミストは、こうした状況を「長期停滞」と評し、「氷河期」と呼ぶ者もいた※5。当然のことだが、金融危機やユーロ危機が発生しなければ、以前と同様の状況が続いていたと確信をもって主張できる者などいない。存在しているのはモデル上の計算だけである。たとえば、労働力と経済は予想を上回っていた可能性も下回っていた可能性もある。ただ、過去10年間の世界全体の経済成長、とりわけユーロ圏が期待外れだったという点に議論の余地はない。

中国は世界の成長エンジンとなっていた。世界のGDPに占める同国の比率は2008年には約8％だったが、その10年後には18％に上昇した。近年は世界経済の成長の50％以上を中国が占め、同国が一連の危機克服で決定的な役割を果たしたことを意味する。

とはいえ、昨年、同国でも成長減速の兆候が増加していた。これはおもに同国が過去10年間に高成長を促すためにこれを上回る債務を活用してきたという事実によるものである。2008年には、企業、家計、政府の債務はGDPの150％弱の水準だったが、2019年には280％に達した。中国政府は経済の債務依存から生じる問題を認識したうえで、削減をめざすと言明した。
世界経済は2019年末に減速に直面していたのだ。

生産性向上ペースの鈍化が続く

長期にわたって生産性向上ペースの鈍化トレンドが継続したことが世界経済減速の重要な要因のひとつとなった。2010年から2019年の期間に、いわゆる「全要素生産性」(TFP)——マクロ経済の投入量に対する生産の比率——の伸びはわずか0・7%にとどまった[※6]。不十分な生産性向上は先進国だけでなく、新興国にとっても問題である。米調査会社コンファレンス・ボードによると、TFPは中東や南米でも低下している。我々は世界規模の現象に直面しているといえる。

人口構成に変化が生じ始めた。具体的には2007年以降の米国、英国、ドイツ、フランス、日本の成長減速の原因の80%程度は労働力人口の伸び率の停滞と縮小、生産性向上ペースの鈍化によって説明できる※7。

ドイツを例にとってみよう。1970年代には1時間当たりの生産性は年平均で約4％の伸びを示していたが、2011年からの8年間でわずか0・9％となり、直近の数年では、さらに鈍化が進みゼロとなった。ある調査によると、ドイツの就業者一人当たりのGDPは長年にわたって停滞を続け、現在は金融危機前の水準を下回る※8。その影響はドイツだけでなくユーロ圏全体の安定におよんでいる。

生産性の重要性に関しては強調してもしすぎることはない。より豊かになるためには生産性の向上が必要である。これがなければ、所得配分における対立、挫折、政治的な緊張が生じる。何よりも、いかにして気候変動と闘うか、福祉国家はどのようにして財源を調達すべきかなどの差し迫った問題を解決するための力を社会は備えていない。

積極的な金融政策

金融危機後10年間に何かが間違った方向に進んでしまったというもっとも警戒すべき兆候を金融政策の展開において目にすることができる。

先進国では、２００９年以降、中央銀行のバランスシートの規模は4兆ドル（４４０兆円）弱から16兆ドル（１７６０兆円）超まで爆発的に膨らんだ。そのうえ金利が大幅に低下した。２０１９年末までには、あらゆる国の金利が事実上、10年前の水準を下回った。そのあいだ、利上げの試みは失敗に終わっている。これは中央銀行が繰り返し追加利下げを余儀なくされ、そのバランスシートが引き続き拡大しているためである。

10年国債を基準にすると、先進国全体が似たような状況にある。金利は金融危機直後にすでに低水準だったが、一段と低下する傾向を示していた。２０１９年末までには世界のほぼすべての国の金利が過去最低の水準となっていた。たとえこれが金融政策の結果だったとしても、キャピタルマーケットには今後、成長が上昇に転じるとの確信がまったくなかったという状況も示唆している。

ユーロ圏の極端なマイナス金利は突出していた。2009年のドイツ国債の利回りは依然3・37%、フランスは3・41%だった。2019年末には、いずれもマイナスで、日本国債を下回った。驚くことに、名目金利がこれほど低水準となったことは過去5000年で一度もなかった※9。

中央銀行は職務上、デフレリスク回避と物価押し上げに取り組んでいたが、失敗した。それどころか、大規模な金融刺激策を実施したにもかかわらず、経済成長の加速はみられない。経済は、フル装備の飛行機がエンジンの最大推力を用いたにもかかわらず、上昇できないような状況にあると想像できる。ごく小さな「トラブル」に遭遇しても、高度が低下する可能性があり、すぐに危険な状況に陥ってしまう。

債務、債務、債務！

「世界経済」という飛行機には債務という重い荷物が積み込まれている。１９８０年代半ば以降、先進国の債務は経済成長を大きく上回るペースで増加していった。

きっかけは政治家が家計の所得伸び悩みによる悪影響を隠す目的で借入の拡大を促したことだった。その後、金利は徐々に低下し、ほどなく債務拡大傾向が一般的になった。

中央銀行がこうした展開に拍車をかけた。１９８７年のブラックマンデーによる株価大暴落から２００９年の世界金融危機に至るまで、中央銀行は金融市場に関するあらゆる混乱と実体経済におけるすべての景気後退に対し、利下げによって対応し、介入後に再利上げを実施することはなかった。

国際決済銀行（ＢＩＳ）の説明によると、こうした「非対称的な対応」が既存の債務をさらに持続可能とする後押しとなっただけでなく、債務とリスクの増加を加速させた。債務者はしだいに自分たちには何も起こる恐れはないとの確信を強めていった。

２００９年に、こうした政策は終わりを迎えたとみられ、必然的な危機が訪れようとしていた。債務返済を継続できるかどうか確信がない債務者が増加し、市場は崩壊した。各国中央銀行と政府が繰り返し実施した大規模介入のおかげで、金融システムは完全崩壊と新たな深刻な景気後退への転落を免れた。

したがって、何兆ドルにも上る証券買入とゼロ付近かこれを下回る水準への利下げ（日本とユーロ圏で実施された）といった２００９年以降に各国中銀が取った介入措置は、過去の非対称的政策を継続したにすぎなかった。このため、これらの措置は債務増大とさらに高いリスクテイクの組み合わせというまったく同じ副作用をもたらした。国際金融協会（ＩＩＦ）のデータによると、世界の債務は２０１９年第３四半期に２５３兆ドルに膨らみ、世界のＧＤＰの３２２％という過去最高の水準に達した。

バーゼルにあるＢＩＳの前チーフエコノミスト、ウィリアム・ホワイトは、早い時期に

世界の債務は過去最高の水準

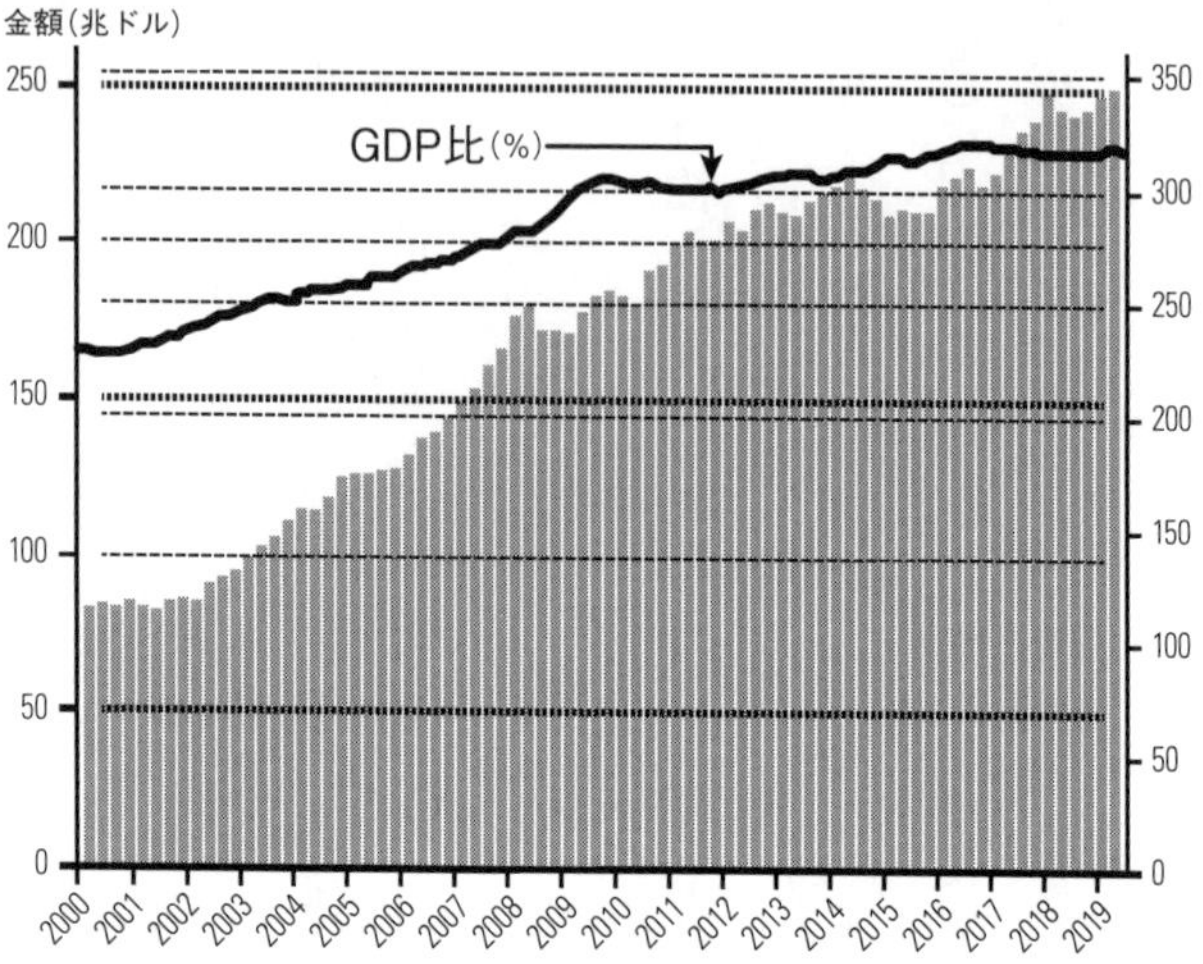

出所：IFFリサーチ、「フィナンシャル・タイムズ」紙

金融危機を予想していた数少ない人間の1人だが、長年、各国の中央銀行が実施する政策を批判してきた。

ホワイトは、中央銀行の措置は「融資基準の大幅緩和と債務水準の上昇によって、次の好況・暴落サイクルに向けての基盤をつくる結果となっている」との見方を示した。換言すると、中央銀行は金融市場と経済において人為的な上昇を創り出し、その後にさらに深刻な暴落が続くことになる。そして今度は、一段の債務上昇を引き起こす融資基準の緩和によってこうした状況に対処する※10。

ただ、こうした政策による実体経済

に対する効果はしだいに薄れていった。前述のように、金融危機以降の米国と欧州の上昇局面は戦後最長となると同時にもっとも脆弱なものとなった。すべての国で実質GDPが危機前のトレンドが継続していた場合に見込まれていた水準を下回っている。

資産価格の大幅上昇

新たな債務による実体経済の成長押し上げ効果がわずかにとどまったのは、新製品の開発や新工場の建設といった生産関連の用途に用いられなかったという単純な理由による。それどころか株式や不動産など既存資産の購入に利用された。米国と日本では株価が2019年末までの10年間に2倍以上に上昇した。さらに中国も、同期間の2度のバブル崩壊にもかかわらず、ほぼ同様の状況となった。また、ユーロ圏の株式市場は約50％値上がりした。

不動産価格も世界各地で上昇した。BISのデータによると[※11]、先進国で33％、新興国で60％の上昇となった。地域別の上昇幅は以下のとおり。ユーロ圏（＋15％）、日本（＋15％）、ドバイ（＋31％）、オーストラリア（＋32％）、中国（＋35％）、タイ（＋31％）、ブラジル（＋51％）、米国（＋51％）、カナダ（＋60％）。経済活動の中心地の上昇が顕著となった。なかでもロンドン、欧州の首都の大半、ニューヨーク、ボストン、ロサンゼルス、サンフランシスコ、シドニー、メルボルン、バンクーバーは大幅な値上がりがみられた。

低金利の資金は不動産市場でもっとも目につく。これはほぼ無尽蔵の財であるマネーが希少な財である不動産に出会った際に、明らかな変化が生じるためである。安全な投資とみなされている不動産以外に、銀行の積極的な融資対象は存在していない。

格差の拡大と縮小

不動産価格の上昇によって、ほとんどの国で格差が拡大しているとしても驚くことではない。所得に基づく世界の貧困率は過去10年間に低下している。1日当たりの所得が1・

9ドル（209円）未満と定義される絶対的貧困のなかで生活している人の比率は5・4％から3・1％に低下した。これはおそらく人類史上、最低の水準であることから、何億もの人々の生活水準が改善していることになる。絶対的貧困率は東アジアでは3・8％から0・5％に、南米では2・8％から1・3％に、南アジアでは6・6％から3％に、そしてサブサハラ・アフリカでは5・7％から3・1％にいずれも低下している。唯一、中東・北アフリカ地域で0・5％から1・0％に上昇した。これは欧州に対する移民の圧力を増大させている。

先進国の状況は異なる。再配分効果を考慮しない場合の所得格差は拡大してきた。ドイツやフランスなど一部の国では大幅な再配分による是正措置が実施されているが、米国や英国などすべての国に当てはまるわけではない。この結果、我々が長年、目にしてきたトレンドが続いている。つまり、グローバル化の影響によって低中所得層が引き続き圧力にさらされているのだ。一方で世界の貧困が減少し、他方で先進国における所得格差が拡大している。

富においてこうした展開がさらに明確になる。これまでみてきたように、同分野では各国中央銀行が提供した低金利資金による強い影響がみられた。当然のことだが、資産価格上昇によって恩恵を受けるのは資産保有者だけである。このため富の配分における不平等が引き続き悪化している。これもまた1980年代半ばから続くトレンドである。一方では債務が増加し、他方で資産価格が上昇する。

両者は密接に関係している。つまり、債務によって値上がりを続ける既存資産の購入が可能になり、資産価格の上昇が今度は債務拡大を可能にする。金利低下と融資基準の緩和は同時に発生し、資本要件の緩和を意味することから、我々は無限に継続しうるプロセスに対応していることになる。中央銀行が黙約とする介入と問題解決によって、リスクテイクの規模が拡大した。とくに不動産価格が上昇した。これはトマ・ピケティなどのエコノミストが見落としていた推進力といえる。これらのエコノミストは債務水準の上昇と金利の低下という推進力を理解しないまま、資産価値の上昇と格差拡大という結果だけに注目している[※12]。

これを踏まえると、過去10年間に我々が目にしてきたポピュリストや反体制派政党に対する支持の大幅な高まりは当然の結果と考えられる。調査によると、こうした運動の支持は1930年代と同様に高水準に上る[※13]。ドナルド・トランプの米大統領選出と国民投票による英国のEU離脱はおもにこうした経済状況によるものだった。

ダボスの世界経済フォーラムの設立者であり会長を務めるクラウス・シュワブは2019年に「これからは敗者、つまり取り残された人々をケアする必要がある。グローバル化の次段階を論じる際には、より包括的かつ持続可能でなければならない」と語った。実際、金融危機以降の回復は以前から存在していた問題をさらに悪化させているだけといえる。

低調な見通し

2019年末に、期待外れに終わった過去10年間を振り返った。各国中央銀行による大規模介入にもかかわらず、達成できたのはわずかな成長、債務の増大、資産バブル、格差の拡大だけだった。一方、次の景気後退が近いという兆候はますます増加していた。中国は弱体化し、ユーロ圏は引き続き長期停滞に向けての道をたどっていた。

このため、国際通貨基金（ＩＭＦ）が２０２０年に向けて懐疑的な見方を取っていたとしても無理はない。

「世界の経済活動のペースは２０１８年第２〜４四半期に急速に減速したあと、低迷が続いている。**とりわけ製造活動のペースが大きく落ち込んでおり、世界金融危機以降、経験したことのない低水準となっている。**

貿易と地政学的な緊張が将来の世界貿易システムとグローバルな協力全般に関する不確実性を高め、企業の信頼感、投資決定、世界貿易に大きな影響を与えている。行動とコミュニケーションの両方を通じての金融緩和拡大に向けた顕著なシフトが金融市場の市場心理と活動に対する緊張の影響を軽減した。その一方で、概ね堅調なサービスセクターが雇用の伸びを支えてきた。**とはいえ、見通しは引き続き厳しい**[※14]」

経済協力開発機構（ＯＥＣＤ）も同様の意見を表明し、２０１９年の世界経済の成長は２・９％にとどまるとの予想を示していた。

「我々は信頼回復、包括的な成長促進、生活水準の向上を目的に緊急の協調した政治行動を取る必要がある。世界貿易は停滞しており、ほぼすべての主要国で経済活動の足かせとなっている。

さらに政策を巡る先行き不透明感が投資および将来の雇用と所得を悪化させている。また、**貿易摩擦のエスカレート、地政学的な緊張、予想を上回る中国経済減速の可能性、気候変動などによって成長が一段と後退するリスクは引き続き高いといえる**※15

その後、新型コロナウイルスが発生し、すでに景気後退へと向かっていた脆弱な経済に打撃を与えた。

[参考文献]

1 いわゆるトレンド成長との成長ギャップの計算はオランダのラボバンクによる
https://www.zerohedge.com/markets/decade-what-exactly

2 *The Economist*, "The Big Mac index", 15 January 2020
https://www.economist.com/news/2020/01/15/the-big-mac-index

3 F.A.Z. NET, "Schleichende De-Industrialisierung", 7. Februar 2020
https://www.faz.net/aktuell/wirtschaft/wie-in-deutschland-die-deindustrialisierung-voranschreitet-16620945.html

4 詳細:Daniel Stelter, *Das Märchen vom reichen Land*, (Munich, 2018)

5 「氷河期」は、1990年代にソシエテ・ジェネラルの戦略アナリストだったアルバート・エドワーズによるもので、1990年以降の日本の経験と同様の低成長、低インフレの時代を予想する用語だった。

6 *FINANCIAL TIMES*: "The post-recession slowdown is structural", 10 December 2014
http://blogs.ft.com/andrew-smithers/2014/12/the-post-recession-slowdown-is-structural

7 *DIW Wochenbericht* Nr. 33 / 2019, S. 577
https://www.diw.de/sixcms/detail.php?id=diw_01.c.672502.de

8 IAB-DISCUSSION PAPER: GDP-Employment Decoupling and the Slow-down of Productivity Growth in Germany, December 2019
http://doku.iab.de/discussionpapers/2019/dp1219.pdf

9 Sidney Homer, Richard Sylla, *A History of Interest Rates*, (Hoboken, 2005)

10 *FINANCIAL TIMES* "The seeds of the next debt crisis", 4 March 2020
https://www.ft.com/content/27cf0690-5c9d-11ea-b0ab-339c2307bcd4

11 Bank for International Settlements (BIS), "About property price statistics",
https://www.bis.org/statistics/pp.htm

12 私はこの点を2014年の自著で詳細に説明した:Daniel Stelter, *Die Schulden im 21. Jahrhundert*, (Frankfurt, 2014)

13 *Bridgewater Daily Observations*, "Populism: The Phenomenon", 22 March 2017,
https://www.bridgewater.com/resources/bwam032217.pdf

14 IMF, "World Economic Outlook Update – Tentative Stabilization, Sluggish Recovery", January 2020
https://www.imf.org/en/Publications/WEO/Issues/2020/01/20/weo-update-january2020

15 OECD Economic Outlook, "Rethink Policy for a Changing World", November 2019,
http://www.oecd.org/economic-outlook/november-2019/

第2章

壊れやすい金融システム

金融市場は2020年1月までは楽観的だった。都市封鎖や防護服の人々が画面のなかを飛び回るというショッキングな映像が増加していたが、一見して遠く離れた中国からのもので、米国などの株式市場は最高値を更新していた。株式市場には状況がひどく悪化することはなく、中国経済は迅速に回復し、夏ごろまでにはすべて忘れ去られるとの確信があった。

エコノミストらはこうした状況を「V字回復」と呼ぶ。重症急性呼吸器症候群（SARS）、1958年のアジア風邪、そして1918年のスペイン風邪の際にも同様の回復がみられた。なぜ今回だけ異なる展開になると考える必要があるのか？※1

少々長引いたとしても、当然、中央銀行は経済を救済する用意があり、何よりもすべてのキャピタルマーケットでは資金は増加しているうえ、金利は一段と低下している。過去30年間、つねに同じ状況だった。投資家は当面、低金利の資金が大量にあるとわかっていた。つまり、株式の購入はまさに理にかなっていた。

新型コロナウイルスがイタリア全土に拡大するころには、感染が中国のみにとどまらないことが明白になっていた。経済全般で緊張が高まり、市場は一気に下落に転じた。もはや「V」字ではなく、低迷が長期化する「U」字回復になると考えられた。さらに経済が暴落から迅速に回復に転じない「L」字回復の可能性さえ現実味を帯びていた。つまり、すでに下振れしている経済成長のさらなる減速を意味することになる。

信用を利用した投機

金融危機以降、金融システムは、政治家や中銀関係者が期待していたほど堅固な状況とはなっていない。危機に対する銀行の脆弱性を改善するために多くの改革が実施されてきたが、一部には逆に危機を増大させるものも含まれていた。この点に関しては後述する。

次に、とくに欧州では、改革によっても金融システムの目に余る資本に関する弱点を克服できていない。コロナショックのはるか前から株式市場は欧州の銀行の価値を簿価の半分以下と評価していた。これは2012年のユーロ危機のまっただ中とほぼ同水準だった※2。はっきり言って、株主は銀行が提供した数字を信用していなかった。

さらに大きな問題はシステム全体の債務水準が上昇していたことだった。エコノミストらは「レバレッジ」、つまり、てこの効果の利用を指摘する。レバレッジは使用資本利益率の上昇を後押しする。例を用いて説明してみよう。

１００ユーロで、リスクのない年10ユーロの配当を伴う株式を購入可能だとしよう。自己資本のみで購入した場合、リターンは10％となる。ただ、銀行から１００ユーロを借り入れ、２株を同時購入するほうがさらに魅力的と考えられる。銀行が５％の金利を要求した場合、銀行に５ユーロを支払い、15ユーロが自分の利益となる。この場合のリターンは15％である。理論的には、銀行はさらに寛大で、わずか20％の自己資本で満足するとしよう。このため、あなたは当初の１００ユーロに加えて銀行から４００ユーロを借り入れ、５株を購入する。配当50ユーロのうち、20ユーロを銀行に支払い（４００ユーロの５％）、30ユーロを手にすることになる。この結果、投資した株式のリターンは30％となる！

徐々に、ほかの投資家もこの有利な「取引」に気づき始め、30％未満の利回りでも満足する。この結果、株式にさらに多くの金額を進んで支払う。株価が１４０ユーロまで上昇すれば、株価値上がり益だけでなく、自己資本も大幅に増加する。その結果、ローンの増額に利用可能な「融資余裕額」は300ユーロとなる（100ユーロ＋株式値上がり益200ユーロ）。配当利回りは10％から7％に低下するが、それでも依然、銀行に支払う金利を上回る。あなたは840ユーロを追加で借り入れ、さらに多くの株式を購入する。この時点で、保有する11株の価値は1540ユーロ、債務は1240ユーロとなる。自己資本は300ユーロでリターンは16％に低下するが、黒字（配当マイナス金利）は合計で30ユーロから48ユーロに増加する。

このように、配当利回りが銀行の金利を上回るかぎり、借り入れを拡大すれば利益が生じる。これがレバレッジ効果である。

これまで説明してきたように、レバレッジは市場の上昇局面では大きな利益が期待できる。1980年代以降はおもに富の増加をけん引してきた。さらに、状況が厳しくなれば中央銀行がつねに救済に動き、低金利の資金を提供してくれるという印象をもっていれば、さらに大きなリスクが取れる。中央銀行の後押しもあって、ここ数年、まさにこのレバレッジを利用したアプローチが金融危機をもたらしてきたのだ。

債券、株式、不動産、芸術品など対象が何であれ、信用買いした資産の価格上昇分が調達コスト（金利）を上回っているかぎり、このゲームはうまくいく。ただ、資産価格の上昇が止まるか資金調達コストが上昇すれば危険になる。債権者は追加担保の差し入れを要求する（マージン・コール〔追い証〕）。債務者は一定期間内に自己資本比率を合意した水準に戻さなければならない。通常、この期間は非常に短い。実行できなければ、保有資産が売却される。ひとたび一連の売却が開始されれば、価格は急ピッチで下落し、投資家に対する圧力が一段と高まる。価格の下落ペースは加速し、市場は暴落する。

キャピタルマーケットの急落が直前の上昇をはるかに上回るスピードと規模となる理由はまさにここにある。急速に落ち込むことから、極めて危険な状況となる。債務者だけでなく、資本の提供者もごく短期間ですべてを失う可能性がある。ローンが不履行に陥った場合、自己資本比率が低い銀行はすぐに破綻する。その資産価値は負債の価値を下回る水準に低下する。

その後、銀行や保険会社、投資ファンドなどの市場参加者はお互いの信用度を疑問視し始め、資金の返済を要求し、新規ローンを手控える。この結果、システム全体が崩壊の脅威にさらされる。金融危機はまさにこのようにして発生し、政府の資金と中央銀行による新規資金の最大限のコミットメントによってのみ食い止めることが可能だった。

こうしたプロセスの仕組みを理解したい向きには、映画「マージン・コール」を薦めたい。ケヴィン・スペイシーがほかの誰よりも迅速に無価値となった証券を売却するよう部下のトレーダーに迫るバンカーを演じていた。同映画は２００８年の金融危機初期のストーリーを取り上げている。

レバレッジ3

前述の例では、投資家レベルでのレバレッジを焦点とした。ただ、同様の影響は企業レベルでも存在する。マネージャーは少ない自己資本とこれを上回る債務を活用して運用することで自己資本利益率を改善できる。前述のように、ローン金利が総資本利益率を下回っているかぎり、債務部分がどれだけ増加しても、自己資本利益率が上昇するという結果になる。金利が過去10年間に前例のない水準まで低下していたことから、上昇を達成することは容易だった。
この結果、米国と欧州の企業の債務は大幅に増加した。これは2つの指標でみられるとおりである。債務水準が10年前を上回る一方で、その質は過去最悪となっている。大量の債務を抱える企業がさらに増加し、信用度を評価する独立した組織である格付け機関はこれらの債務をかろうじて持続可能とみなしていた。

ＯＥＣＤのデータによると、２０１９年末時点で、金融機関以外の社債の発行残高は13・5兆ドル（１４８５兆円）と、２００８年以降、実質ベースでほぼ倍増した。最大の増加を示していたのは米国で、連邦政府の推定によると、債務は２００７年の3・3兆ドル（３６３兆円）が6・5兆ドル（７１５兆円）に膨らんだ。これは米国のＧＤＰの30％超に相当する※3。欧州でも企業債務は大幅に増加した。ＯＥＣＤによると、現在、社債の質は過去最悪の状況にある。

アップル、マイクロソフト、アルファベット（グーグル）などテクノロジー企業は巨額の現金を保有するケースが多いことから、債務が集中するのはおもに従来の産業といえる。これは利益が低水準にとどまる旧来の産業に属する企業で債務がとりわけ高水準に上ることを意味する。企業収益が安定し、金利が低水準にとどまっているかぎり、問題は生じない。ただ、景気後退が発生した場合、もはやこれらの債務を適切に返済することは不可能となる。

国際通貨基金（ＩＭＦ）は早くも２０１９年秋には米国の企業債務が新たな金融危機の引き金となる可能性があると警告していた。２００９年の半分の規模の景気後退が発生した場合、１９０億ドル（2兆９００億円）の債務を抱える企業は債務を返済するための十分な収入を得ることはできないと考えられる[※4]。

新型コロナウイルス危機より前に、米投資銀行、モルガン・スタンレーは米企業の6社に1社は、利払いのための十分なキャッシュフローを創出していないとの見方を示していた。こうした「ゾンビ債務者」は債権者が追加ローンを提供するかぎり、存在し続ける。

債務者の質の悪化は、いわゆるレバレッジドローン市場においても顕著にみられる。同ローンは銀行が高債務企業向けに組成したローンである。債務者の資産や収入に比べて、債務が通常、許容される水準をはるかに上回っているという理由から〝レバレッジドローン〟と呼ばれ、とくにリスクが高い。世界のレバレッジドローン市場は合計で1・3兆ドル（143兆円）と推定される。

レバレッジドローンはおもに企業買収や自社株買いの資金を調達する目的で利用されていた。いずれの用途も生産に関連していないことから、将来の返済能力向上にはつながらない。つまり、「何も問題が起こらない」ほうに賭けているのだ。

ただ、債務者の返済意欲と能力に関する信頼が低下するや否や、金利は上昇し、状況を悪化させる。その結果、債務者がローンを返済できる可能性はさらに低下する。こうした悪循環は急速に加速する可能性がある。

自社株買いと企業買収はレバレッジ効果と同様の動きを示す。当初は自己資本が債務に置き換えられ、その後、買い戻しによって発行済み株式数が減少する。最終的な目標は1株利益を増やすことだ。とくに米国ではマネージャーがこうした方法で同利益を操作する傾向がある。自身のボーナスが同利益に基づいて決定されるためである。こうして我々は「レバレッジ2」に到達した。

さらに投資家が自己資本にとどまらず、信用の活用を拡大したときに「レバレッジ3」が発生する。低金利によって投資家はリターン向上のために、さらに大きなリスクを取ることを余儀なくされる。その結果、リスクの高い社債をかつてない高価格で購入することによって、社債と国債の金利の差である「スプレッド」が悪化する。

これは、企業が債券発行を拡大する動機を与えることになり、しばしば格付け機関がBBBと評価する「最適点」の領域まで発行が増加する。BBBは「投資適格」水準の下限で、年金ファンドなど多くの投資家は同水準までの債券購入が許容されている。ここ数年、欧州、米国の両方の債券市場で同セグメントは爆発的な拡大を示してきた。一方、格付け機関は基準の緩和を進めてきた。2019年には多くの債券がBBBの水準を維持していたが、基本的な財務データは必要基準を満たしていなかった。それどころか、本来なら格下げが必要だったケースが数多くみられた[※5]。

もうひとつの結果として、投資家も同様にレバレッジの活用を始め、自己資本利益率向上のために社債の信用買いをおこなった。なかでも積極的なヘッジファンドでは最大90％の借入資本を用いて、国債から社債、株式に至るまであらゆる種類の証券を購入することも珍しくなかった。

現在、レバレッジには企業、自社株買い、投資家の3段階が存在する。最終的には、企業の収益性がすべてを左右する。キャッシュフローが計画どおりに推移するかぎり、企業は利息と配当を支払うことができる。償還はおこなわれず、満期債券は新発債と交換される。

一方、ビジネスが悪化した場合、収益が落ち込む。貸し手の観点からみると、これは信用度の低下であることから、債券は売却され、当該企業が支払わなければならない金利は上昇する。債券が満期を迎えるや否や、企業はより高金利で借り換えなければならなくなる。今度はこれが収益に対する追加の重しとなる。この結果、当該企業の株価と債券価格は下落を続ける。さらに、信用度の低下と支払い金利の上昇という悪循環のリスクが高まり、信用度はさらに低下する。

加えて、これらの債券や株式を購入していた投資家、とりわけ購入資金の一部を信用によって調達していた場合、これらの証券売却に対する圧力が高まる。損失抑制のために売却するが、これは価格下落ペースの加速を意味する。投資家段階でのマージン・コール(追い証)によって当該企業に対する圧力が高まる。あっという間に悪循環が加速する。

安全に関する幻想

あなたは今日では、こうしたタイプの債務が問題となるケースは少ないと考えるかもしれない。なぜならば、金融危機前と異なり、直接の貸し手としての役割を果たしているのが銀行ではないからだ。年金ファンド、保険会社、その他の資産運用会社や投資ファンドがおもな投資家だった。理論的には、こうした投資家は損失に対しより適切に対処可能と考えられ、とくにローンが債務不履行（デフォルト）に陥った場合、金融市場のほかの参加者に大きな影響がおよぶことはない。

ところが、この金融システムが以前よりも危機の影響を受けにくくなっているという希望は見せかけのものだ。銀行が直接的なローンを減らしているだけでなく、同時に規制によって、もはや自己勘定の証券ポートフォリオを保有していないということを我々は知っている。この結果、もはや銀行は「マーケットメーカー」の役割を果たしておらず、金融危機前のように、市場が正常に機能できるように十分な流動性を提供することはない。
これはとくに債券にとって問題となる。各債券は実質的に唯一無二の商品で、信頼を失った場合、すぐに取引不能に陥るか、可能な場合も価格が大きく変動する。これは直ちに市場の信用危機につながり、ほかの債務者のほかの債券に影響をおよぼす可能性があるのだ。

信用の質が大幅に悪化し、格付け機関によってＢＢＢと評価される債券が優勢となると、格付けが引き下げられた場合に、保有規則によって、当該証券を保有できなくなる投資家の売却による急落リスクが高まる。具体的には、「投資適格水準」の証券のみの保有が可能な保険会社や年金ファンドなどが該当する。こうした投資家で売却が必要になった場合、価格下落の引き金になると考えられる。なぜなら売り手が多く、買い手はわずかにとどまるからだ。

社債に問題が生じた場合、たとえ直接、融資をおこなっていなかったとしても、銀行も影響を被る。借り手に対する金利は上昇することが予想される。これは貸し手が支払い能力を疑問視し始めるためである。銀行が承認したローンに関しても債務不履行が発生し、銀行担保の価値も低下することが予想される。

低金利によって、個人投資家も機関投資家と同様の課題に直面することになった。銀行は市場性のある投資ファンドを実質的な「リスクフリー」として販売を促進した。同商品は割安なうえに、いつでも売却可能と考えられた。明らかにされていなかったのは、とくに債券投資ファンドでいえることだが、危機の際に売却が不可能になるか、大幅な割引価格のみで可能となるという点である。したがって、市場の流動性は人々が主張したがるほど高くない。このためパニック発生の際には下落傾向が一段と強まる。

この点は長いあいだ知られていた。デフレ対応をめざしていたとされる中央銀行による一連の証券購入が、実際にはレバレッジというモンスターを膨らませていたというのは周知の事実だった。プロの投資家は規制によって市場の出口が狭まったことを理解していた。誰もが「大丈夫、状況が悪化すれば、いつでも中央銀行が介入してくれる」と考えていた。資産価格は上昇を続け、レバレッジはゲームとなった。

2020年1月、米国株はあまりにも高かったことから、暴落はしないとしても、誰もがリターンは低水準にとどまると予想していた。割高となったのは2000年1月のニューエコノミーのITバブル崩壊直前と1929年の株価大暴落の前のみであった。にもかかわらず、人々は浮かれ騒ぎ、プロの投資家は不測の出来事が生じた場合、個人投資家よりも早く市場から脱出できると楽観していた。

その時は近づいていた。世界経済は脆弱で、米中貿易紛争はまったく解決してはおらず、北朝鮮からイランに至る地政学的な問題はつねに悪化する懸念があった。ブレグジットの影響も同様に不透明だった。投資家はすぐに行動を起こす準備をした。

実際、景気敏感株、コモディティ、新興国市場は長期にわたって低迷傾向にあった。2018年夏以降、米国債利回りは低下を続けていた。2019年8月までには米連邦準備理事会（FRB、米中央銀行）はすでに市場介入を余儀なくされていた。22カ月をかけてバランスシートを6800億ドル（74兆8000億円）縮小したあと、新型コロナ発生前に、短期ファイナンスで用いられるレポ市場の安定を図る目的で、1兆ドル（110兆円）超に上る債券を購入していた。流動性ひっ迫を引き起こしたのは、高レバレッジを利用していたヘッジファンドだった。株式市場は上昇を続けていたが、新型コロナのかなり前から警戒すべき兆候が顕著にみられた。

こうした兆候は真剣に受け止めるべきだった。すべてが停滞とデフレ傾向という近年の日本と同じ方向へ向かうことを示していた。

新型コロナウイルスによって景気拡大局面が終了

このように高水準の債務、低水準の自己資本比率、投機の増加という混乱した状況のなか、コロナショックが襲った。同ショックは異例の環境を創り出した。なぜならば金利はゼロ近くかマイナスの水準にあり、リスクはおもに金融システム外に存在しているにもかかわらず、金融危機に直面しているからだ。その危険度は、満期債券の金額によって理解できる。

米国では、2020年に格付けがBBB以下の債券8400億ドル（92兆4000億円）が償還時期を迎える。現在の経済状況を踏まえると、かなりの数の企業で借り換えが非常に困難となる可能性が高い。その大半は製造業に集中するが、多額の固定費用を抱えているため、とりわけ大きな打撃を受けることが予想される。

レバレッジ・ゲームは反転する。

・多額の債務を抱える企業が突然、キャッシュフローが減少していることに気づく。これは収益に対し債務返済能力を危うくするほどの多大な影響をおよぼす。格付けが不安定になる。多額の債務を抱える企業の株価が最大の下落になったとしても不思議はない。

・これらの企業の債券保有者は神経質になり、売却を望むが、市場の流動性が予想していたとおりでないことに気づく。この結果、売り圧力が高まり、株価は下落に転じる。

・株式市場はすでに過度な高水準に達していた利益予想が維持できないと認識する。とくに投資家は売却で別の投資家に先を越されることを恐れる。この結果、株式は下落を始める。

・信用買いをおこなった全員が神経質になる。

・売却の波が始まる。マージン・コール（追い証）が増加し、今や重要なのは流動性の

1929年と1987年の下落局面との比較

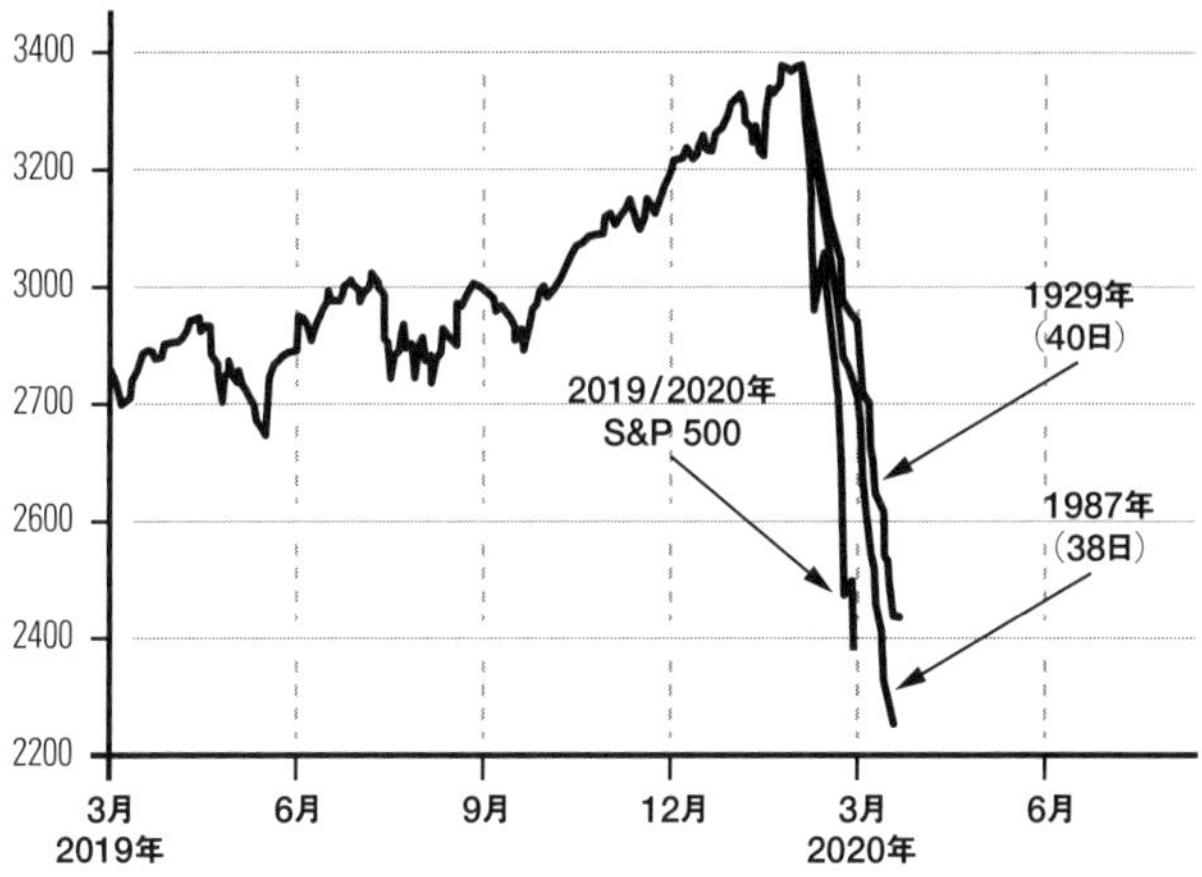

出所：BofA「Global Investment Strategy」、Bloomberg

みとなる。このため、最終的には金や国債を含めたすべてが値下がりに転じる。レバレッジのプロセスが逆転した「デレバレッジ」が猛スピードで進む。そのスローガンは、「パニックになりたいなら、最初にパニックになれ！」である。

これは次のような状況である。

債券市場も同様の大きな打撃を受けた。これは前述の説明を踏まえると、驚くに値しない。

こうして新型コロナウイルスは、投資に

債券ファンドは過去最高の資金流出を記録

出所：EPFR Global

代わって投機が増えているという経済の根本的な病を暴露した。投資家は市場から逃げ出した。

また金融市場に打撃を与えたことも事実で、中央銀行の低金利マネーがこれに拍車をかけ、レバレッジを極端な水準に押し上げ、状況をさらに悪化させた。

我々は金融危機と同様に、デフレショックにも直面している。資産価格の下落は過剰債務を引き起こす。多額の債務を抱える経済事業者が増加するためだ。１９３０年代の大恐慌から学んだように、破壊的な影響をもった破綻の波が発生するという結果は回避できないだろう。

エール大学元教授のアーヴィング・

フィッシャーは自身の『Debt Deflation Theory of Great Depressions（大恐慌の負債デフレ説）』※6のなかで、このプロセスを端的に説明している。政治による勇敢な介入が実施されない場合、この説明は以下を含むすべてのデレバレッジのプロセスに当てはまる。

「したがって、ある時点で、過剰債務の状況が存在すると想定すると、これは債務者か債権者、または両方の警告を通じ、破産につながるケースが多い。その結果、我々は、以下の9つの因果関係によって一連の影響を推定できる。（1）**負債の清算**は狼狽売りと、（2）銀行融資の返済が進むことによる**預金通貨の減少**、そして貨幣の流通速度の鈍化につながる。狼狽売りによって引き起こされた預金の減少と流通速度の鈍化は、（3）**物価水準の下落**、換言すると、ドルの膨張を引き起こす。前述のように、この物価の下落がリフレーションあるいはその逆によって妨げられないと想定すると、（4）破綻を引き起こす**ビジネスの純資本の一段の大幅減少**と（5）**収益の減少に似た状況**が存在しなければならない。これは「資本主義的」、つまり私的利益社会では、赤字経営によって取引と労働力の雇用において（6）**産出高の減少**をもたらすのではないかという懸念につながる。こうした損失、破綻、失業は（7）**悲観主義と自信の損失**につながり、ひいては（8）**蓄積**と貨幣の流通速度の一段の減速をもたらす。以上8つの変化が（9）**金利の複雑なかく乱**、とくに名目金利や市中金利の下落、実質金利やコモディティ金利の上昇を引き起こす」

フィッシャーは過剰債務とデフレは破滅的な組み合わせであり、「この2つの病は相互に作用、反応する」と説明した。前者が後者を引き起こし、逆もまた然りである。つまり、債務によって引き起こされたデフレが債務に反応する。未払い負債の各1ドルが大きな金額に膨らみ、過剰債務が十分な規模に増加すれば、債務清算はこれが引き起こした価格下落ペースに追いつくことができない。これは保有する現金の減少につながる一方で、保有する現金の価値の上昇ほど早いペースではない可能性がある」。

同プロセスが影響をおよぼすのは決して悪質な投機筋のみにとどまらない。信用を用いて仕事をおこなわなければならないすべての人々、そしてレストラン、ホテル、職人、事業会社など経済全体に影響をおよぼす。誰もが金融債務を抱えており、収入がなくなれば、すぐに家賃、金利、元本、賃金、税金、社会保険料などの支払い不能に陥る。たとえ顧客が一人も来なくても、すべてに支払いが必要である。

フィッシャーは不況から抜け出すための2つの方法を明らかにした。1つは自然だが時間がかかる倒産、失業、窮乏を通じて抜け出す。もう1つの人為的かつ迅速な方法はリフレだ。すなわち、実質的な債務残高が減小する平均的な水準まで価格水準を引き上げることである。

各国中央銀行がフィッシャーのレッスンについていこうと努力

金融市場の低迷は実体経済と金融市場の連鎖――すなわち実体経済そのものの問題になることが予想される。市場参加者が政治家はこうした低迷をそれでも防ぐことができるという点に疑いを抱いた場合には、金融市場は実体経済からかけ離れていくはずだ。

本書を執筆していた2020年4月はじめには、フィッシャーのいかなる代償を払っても「リフレさせる」という助言に従って、各国中央銀行が大規模なプログラムに乗り出していることがすでに明白になっていた。

ここ数年、我々は投資家や企業による無謀な行動、つまり、低金利の資金と中央銀行による暗黙の救済保証に後押しされたかつてない高レバレッジでの投機を目撃してきた。リフレは中央銀行がもつ唯一の選択肢だ。

これはモラル・ハザードのもうひとつの重要な事例といえるが、1930年代の本格的な大恐慌ほどの悪化は実際には選択肢にはない。米FRBは4月はじめにBBB以上の社債の直接購入だけでなく、いわゆる「ジャンク債」、つまり低格付け債のETFを通じての購入も開始した。これまでに説明したように金融市場の環境と脆弱な状況を踏まえると、こうした動きは意外ではない。

とはいえ、FRBのこうした政策は実体経済ではなく、投機筋を支援しているという点をすべての人に対し明確にする必要がある。「フィナンシャル・タイムズ」紙でさえ、「ジャンク債購入によって明確に恩恵を享受するのは、過度の債務を抱えるプライベートエクイティ・グループと不健全な借り手である」と指摘している。同政策は「大規模なモラル・ハザード」※7として非難された。そのとおりだ。

本書の後半で取り上げるように、これはほんの始まりにすぎない。本書を読み終わるころには、さらに多くの同様の政策が実行されていると考えられる。

[参考文献]

1 Boston Consulting Group (BCG): "What the Coronavirus could mean for the global economy",3 March 2020
https://hbr.org/2020/03/what-coronavirus-could-mean-for-the-globaleconomy?utm_medium=Email&utm_source=esp&utm_campaign=covid&utm_description=featured_insights&utm_topic=covid&utm_geo=global&utm_content=202003&utm_usertoken=d7f2784bc0bee7eac8e585f95fe5b a809571ce5a

2 beyond the obvious, "Coronavirus: Statusbestimmung zum Wochenanfang", 9. March 2020
https://think-beyondtheobvious.com/corona-virus-statusbestimmung-zum-wochenanfang

3 *FINANCIAL TIMES* "The seeds of the next debt crisis", 4 March 2020
https://www.ft.com/content/27cf0690-5c9d-11ea-b0ab-339c2307bcd4

4 International Monetary Fund (IMF), "Global Financial Stability Report: Lower for Longer", October 2019https://www.imf.org/en/Publications/GFSR/Issues/2019/10/01/global-financial-stability-report-october-2019

5 Daniel Stelter, *manager magazin*, "Löst General Electric die nächste Finanzkrise aus?", 21. August 2019
https://www.manager-magazin.de/finanzen/artikel/general-electric-siemens-konkurrent-alsweltfinanzrisiko-a-1282737.html

6 Irving Fisher, "The Debt Deflation Theory of Great Depressions"*Econometrica* Vol 1 (4), S. 337 – 357, October 1933

7 *FINANCIAL TIMES* Federal Reserve has encouraged moral hazard on a grand scale", 13 April 2020
https://www.ft.com/content/52a46bcf-f238-43cd-82dd-c48c3c1883e3

第3章

ウイルスという究極のショック

2020年1月、経済が低迷し、金融システムが脆弱な状況にあるなか、この先もポジティブな展開が続くとは思えなかった。金融市場はあまりにも実体経済からかけ離れていた。実体経済と資産市場で明らかに低金利政策の副作用がみられた。

金融市場では暴落後に景気後退に陥るリスクがあまりにも明白にみられた。まさにこうした理由から、IMF、OECD、世界銀行など国際機関による要請が強まった。各国政府に対し、次の景気後退に対応するために必要な手段を講じ、政府の財政支出計画で中銀と緊密に連携を取ることで準備するよう求めたのだ。

何が次の景気後退の引き金になるかは誰にもわからなかったし、再生がどれだけ厳しいものになるかを言い当てることができる者はいなかった。そして、新型コロナウイルス感染症が発生した。これは予想外の最大の災難だった。多くにとって、予想もしていなかった「ブラック・スワン」だった。(「ブラック・スワン」という言葉をつくった2007年のベストセラーの著者ナシーム・タレブは、インタビューで、今回のパンデミックは予想も準備も可能だったことから、ほんとうの意味では「ブラック・スワン」事象ではないと指摘した[※1]。)今回のショックの前では過去のすべてのショックが見劣りした。「すべての景気後退の源泉」※2というのは、控えめな表現だろうか？

新型ウイルスは経済にどのような影響をおよぼすのか

今回の新型ウイルスは経済に対するいわゆる「外因性ショック」である。突然、環境が根底から変わった。エコノミストは同ショックについて以下のように説明する。

・**供給の外因性ショック**：財とサービスの供給量が大きく変動する。過去の2つのネガティブショックの例が頭に浮かぶ。まず、1970年代のオイルショックで、原油価格が突然急騰し、経済全体に悪影響をおよぼし、世界規模の景気後退とインフレを引き起こした。2つ目は東欧と中国の世界市場に対する開放である。グローバルな労働供給の拡大も同様にショックをもたらした。先進国の賃金圧力を増大させたためである。

・**需要の外因性ショック**：財とサービスの需要量が大きく変動する。これはたとえば、新たな関税導入によって需要が大幅に落ち込んだ場合であり、保護貿易政策が要因である可能性もある。

当初、新型ウイルスは供給の外因性ショックと同様の影響を与えた。中国では、輸出能力のほぼ90%に相当する工場が閉鎖された。サプライチェーンには世界的な相関性があることから、部品供給不足によって世界中で生産が直ちにストップするという状況が予測されていた。

経済政策の視点からみると、今回のショックは比較的容易に対応できたはずだった。影響を受けた企業が流動性支援を受け、従業員は短時間労働に就く。ある時点で不足は解消され、欠品となっていた部品が届けられ、工場は再開し、失われた生産時間は数週間で取り戻されるはずだった。

この段階でも、需要ショックが生じたが、先進国では概ね見過ごされた。中国の需要は大きく落ち込んだ。具体的には、自動車需要は90%以上減少した。医療措置を必要とする緊急事態となったことから、当然のことながら、隔離された人々の関心は新車購入以外にあった。新型コロナウイルスが中国の特定地域にとどまっているとみられていた時点でも中国向けの輸出を手掛ける企業にとっては大問題だった。こうした中国の需要落ち込みは、ユーロ圏などの経済が2020年に景気後退の瀬戸際に立たされることをすでに予想していた。

すでに「U字」回復のリスクがみられていた。この場合、克服にやや時間を要する。同シナリオにおいても政策措置はシンプルである。輸出業者に関しては、流動性と短期措置という同じ政策ミックスによって問題を解決に導くことができたはずだ。回復は単なる時間の問題だが、その時期は引き続き不透明である。

ところが、新型ウイルスは中国国内にとどまらず、世界中に広がった。中国近隣の台湾、ベトナム、シンガポールは直ちに反応し、初期の段階でウイルスの拡散を抑制した。韓国は検査、隔離措置、そして極めて適切に機能する医療システムによってパンデミックを制圧した。ただ、先進国は当初、今回の危機を過小評価し、パンデミックに対する措置をほとんど取らなかった。その結果、パンデミック後期にさらに厳しい措置を余儀なくされた。

一連の厳しい措置は一般の生活を実質的に停止させるが、財とサービスの生産が減少を続けているという理由から、供給ショックに相当する。同時に、はるかにひどい大規模な需要ショックが発生する。これはもっとひどい状況である。一時的なパニック買いの影響を除くと、経済全体の需要が大幅に減少していた。

過去にないタイプの景気後退

今回の需要落ち込みは「通常の」景気後退時とは異なる。世界貿易、ひいては輸出と需要の同時落ち込みがみられただけでなく、落ち込みパターンがまったく異なっている。通常の景気後退ではおもに耐久消費財のメーカー、そして資本財とそのサプライヤーが影響を受ける。これが観光業者からレストラン、映画館に至るまで経済のほかのすべてのセクターを間接的に苦しめる。今回の新型コロナによる景気後退は、通常は間接的な影響にとどまる部分も含め、あらゆる人々に打撃を与える。しかも直撃する。

ここで映画館運営会社について考えてみよう。不況になると、人々は節約し映画を見に行く回数が減る可能性がある。この結果、映画館運営会社の収入は減少し、従業員を削減するかもしれない。これは利益の減少ひいては赤字につながることから、かなりのフラストレーションをもたらすが、映画館の運営会社の存在自体を脅かすケースは稀である。当然のことだが、通常の景気後退でも破綻する会社はある。ただ、個別に痛みを伴うケースが生じたとしても、自然淘汰のプロセスといえる。力のある会社が生き残り、経済全体の競争力を向上させる。

ただ、ここでは数％の売上高減少の話をしているわけではない。店舗、ホテル、レストランが休業を余儀なくされた場合、もはや誰も旅行に行かなくなり自宅にこもった場合、売上高はゼロへと向かう。大半のケースでは、10％超の売上減がビジネスの存続を脅かすのに十分な水準なのである。

誰もが債務を抱える

この一連のダイナミクスはさらに詳細を調査する価値がある。

1人の労働者のケースから始めよう。失業し、基本的に売上に相当する収入がゼロになる。仮に生活費と食費が無料と想定すると、生存にかかわるニーズは存在しないことになり、大きな問題にはならないと考えられる。ところが、実際の状況は異なる。すべての人間には食事をし、生活し、ある程度の「社会参加」をするための維持費がかかる。この結果、たとえ、ある程度の期間、もちこたえられるだけの蓄えを持っていたとしても、継続的な収入が必要となる。

近代の福祉国家は個別の労働者に十二分に対応している。とくに、1929年の世界恐慌と続いて起きた貧困の波の政治的な影響によって、失業者は失業保険を利用できるようになった。当然のことながら、国によって支援レベルにはばらつきがある。西欧は福祉制度が充実しており、今回のショックでも安定装置の役割を果たしている。

一方、米国の社会保障制度は西欧ほど包括的なものではない。このため、米政府が決定した緊急措置のひとつが国民一人当たり月1000ドル（11万円）の支給という直接支援になっている※3。

ドイツの場合、貯蓄が不十分になると国民全員が直ちに社会保障給付金を請求することができる。ここで最初の問題点が発生する。一見したところ、保護手段は効果的だ。ただ、まずは自分の貯蓄を利用しなければならない。平常時なら、こうしたアプローチは適切である。給付金受給者ができるだけ早い時期に新しい仕事を見つけるためのモチベーションの提供を目的としているからだ。この政策は、失業期間が長引くほど、仕事が見つかる可能性が低下するという実証的な調査のデータに基づいている。現在、我々が経験しているような需要ショックのケースでは、同アプローチは完全な間違いである。国民の貯蓄減少は貯蓄傾向を強めることから、ひとたび危機の急性期が終了すれば、需要は冷え込む。

追加債務がないと想定すると、個人レベルで生活に対する脅威は存在しない。生活必需品は、個人向けだけでなく、その家族向けにも確保されている。多くに対し経済的な制約が生じるかもしれないが、一時的なものにとどまる。
ただ、未払いローンなど追加債務を抱えている場合、問題となる。社会移転制度が不十分という理由によって、当該ローンを返済できなくなるリスクが生じる。この結果、支払い遅延や自己破産に陥るリスクが出てくる。

オペレーティング・レバレッジと財務レバレッジ

これまでの例を拡大して考えてみよう。これまでは、悪影響を受けた国民本人の現在の出費への対応を支援することを目的にしていた。今度は、基本的に企業家の最小単位である自営業者について考えてみよう。自営業者は個人的な費用の支払いに加えて、ほかにも賃料、商品、従業員の賃金、所得税、売上税の前払い、社会保障負担などの債務返済の問題を抱えている。

問題の程度に関しては、いわゆる「オペレーティング・レバレッジ」を用いることで評価が可能である。コスト構造に応じて売上高変動による利益に対する影響をオペレーティング・レバレッジ効果によって説明できる。たとえば、変動費用が100%の場合、損失リスクはみられない。売上高がゼロであれば、費用もゼロとなることから、利益はないが、同様に損失も生じない。新聞配達人を例に取ると、配達する新聞がないときは家にいるだけということになる。

逆の極端なケースとして固定費用が100%の企業が挙げられる。何も製造していなくてもこれらの費用が発生する。このようなケースは存在しないはずだが、オートメーション化と機械・装置への投資によって短期的には費用に影響を与える機会がほとんどないという企業は総じて増加している。

次ページの図でこうした関係について説明する。

この図ではXは製造、販売された量を表す。Eは売上収益、つまり、量(X)×1単位当たりの販売価格で、KF2とKF1は費用曲線の差を表す。

KF2は高水準の固定費と低水準の変動費から始まる一方で、KF1の固定費は低水準であることから、変動費は高水準となる。損失ゾーンは費用ラインと売上高ラインの交点

オペレーティング・レバレッジの効果

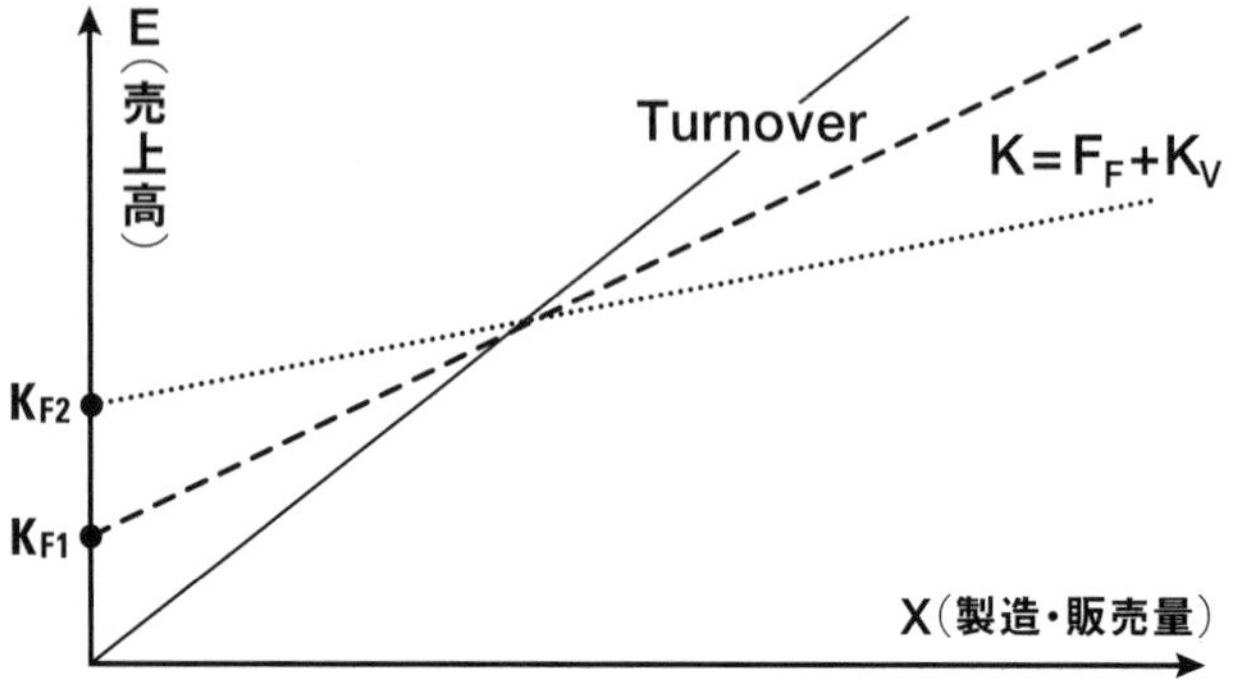

出所：BUSINESSTIPS>https://www.business-tips.de/finanzwirtschaftlicher-und-operativer-leverage-effekt

の左側、利益ゾーンは右側から始まる。ＫＦ２の場合、損失がすぐにＫＦ１を大きく上回ることをはっきりと読み取ることができる。この場合、企業家は調整を継続できる。オペレーティング・レバレッジ効果は、相対的な売上総利益の増減に対する相対的な売上高の増減の比率を測定する。したがって、この例では、ＫＦ２のオペレーティング・レバレッジがより高水準であることから、リスクも高いということになる。

また、売上高の落ち込みが拡大するほど、損失も拡大することも明らかである。オペレーティング・レバレッジの水準にかかわらず、売上高が崩壊すれば、損失は避けられないだろう。今回のコロナ危機でも１００％変動費という稀なケースを除き、同様の状況が発生している。

オペレーティング・レバレッジに加えて、これまで取り上げてきた財務レバレッジも存在する。企業の営業費用に加えて、利息や返済義務といった金融債務も存在する。外部資金なしに事業を展開できる企業はほぼ皆無に近いことから重要な関連がある。ドイツ企業の自己資本比率は31％（2018年）で、従業員10人以下の中小企業では22％程度にとどまる※4。多くの中小企業で自己資本比率が大幅に低下する可能性が高い。

自己資本比率が高い企業ほど安定する。同比率が低いと景気後退時に破綻するリスクは高い。企業が破綻した場合、経済における損失拡大につながる。そして破綻の波が発生する。サプライヤーを例に取ると、売掛金を失い、自身が破綻する可能性も出てくる。

自己資本に加えて、流動性が重要な役割を果たす。このため、大半の政府が流動性の支援から救済プログラムを開始する。企業の売上高の平均6％程度が現金だった場合、ひとたび収益がゼロに落ち込めば、22日間で流動性はゼロになる※5。

実際の例を見てみよう。ベルリンに、年間売上高約50万ユーロ（6000万円）、従業員13人のレストランがあったとしよう。すべての費用と税金控除後に2人の経営者はそれぞれ約2万5000ユーロ（300万円）を手にする。これが、2人が生計を立て、老後に備えるための資金となっている。

コロナ前/後の売上高と費用

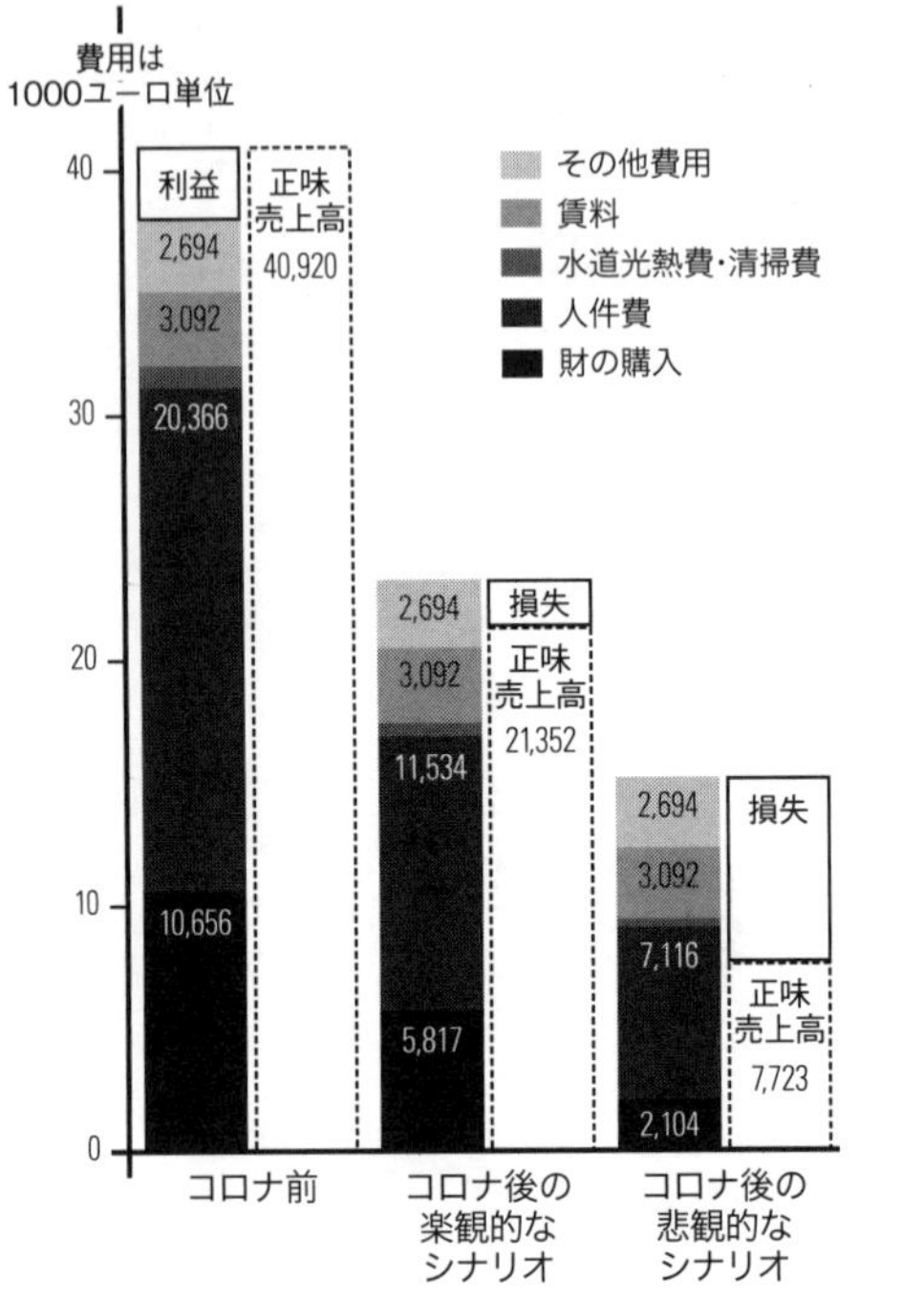

出所：会計データ

2020年3月の売上高と費用を見ると、問題の規模がわかる。

閉鎖とソーシャルディスタンスの措置が発表されたあと、売上高は約50%減少した。レストランは休業となり、従業員全員が一時解雇されている。テイクアウトは販売を続けており、営業は引き続きおこなわれているが、レストランの店内で発生しているわけではない。人件費は減少したが、解雇通知期間の関係でゼロにはなっていない。一部の従業員が解雇後に疾病休暇を取得する一方で、一部は引き続き出勤し、業務をおこなっている。つまり、通知期間が人件費の増加を招く一方で売上高は減少する。

電気、ガス、水道、清掃費はすべて変動費である。仕入原価は調達量の減少に加えて、コロナショック下ですべての供給者が少しでも価格を上げて収入減を減らそうとするので、やや上昇する。その他の費用項目である賃料、保険、自動車税、廃棄物処理、営業必要経費などは固定費である。

すでに損失が発生しているのは明らかである。社会的な制約がさらに増加し、売上高の減少が続けば、経営者が対抗策を取るためのレバレッジは実質的に残されていない。損失は拡大する。金銭的な支援なしでも、このレストランが5月までもちこたえる可能性はある。仮に融資を受けられたとしても破綻を先送りするだけであり、阻止するわけではない。これは当該債務の償還、返済に十分なキャッシュフローが存在しないためである。

世界の何百万社もの企業がこのレストランと同じ運命に直面している。あらゆるビジネスの背景につねに「プレファイナンス（pre-financing）」（訳注：前払いの支払い）が存在する経済システムにおいては、需要崩壊が破綻の波をもたらすことは避けられない。最終的には、金融システムも揺らぐことになる。

政府の支援がなければ、過去のすべての世界的な経済危機を上回る深刻な結果になると考えられる。通常の景気後退期では間接的な影響のみにとどまる企業が今回は直接、大きな打撃を受けている。

[参考文献]

1 「ブラック・スワン」は経済と株式市場で実現する可能性が極めて低い事象を説明するために用いられる。これは、2007年の著書において、ナシーム・タレブが作った言葉である。スイスの新聞*Neue Zürcher Zeitung (NZZ)*紙とのインタビューで、タレブはCOVID-19のようなパンデミックは予想されていたことであり、シンガポールなどの国では何年も前にタレブと共に準備をしていたと説明した。"Die Corona-Pandemie ist kein schwarzer Schwan: Warum 2020 nach Nassim Taleb nicht mit 2008 zu vergleichen ist", 27. March 2020
https://www.nzz.ch/feuilleton/kein-schwarzer-schwan-nassim-taleb-ueber-die-corona-pandemie-ld.1548877

2 *Handelsblatt*, "Ökonom Felbermayr erwartet 'die Mutter aller Rezessionen", 17 März 2020
https://www.handelsblatt.com/politik/deutschland/coronavirus-oekonom-felbermayr-erwartet-die-mutteraller-rezessionen/25654514.html?ticket=ST-2133679-5NO34fk7zF3OleVMSGez-ap1

3 *The Guardian*, "US government to give citizens emergency financial aid", 17 March 2020
https://www.theguardian.com/world/2020/mar/17/us-government-to-give-citizens-emergency-financial-aid

4 Statista: "Durchschnittliche Eigenkäpitalquoten mittelständischer Unternehmen in Deutschland nach Beschäftigungsgrößenklassen 2006 bis 2018"
https://de.statista.com/statistik/daten/studie/150148/umfrage/durchschnittliche-eigenkapitalquote-imdeutschen-mittelstand

5 Der Treasurer: "LBBW-Umfrage: Deutsche Unternehmen halten zu viel Liquidität", 16. März 2018
https://www.dertreasurer.de/news/cash-management-zahlungsverkehr/lbbw-unternehmen-halten-zu-vielliquiditaet-61971

第4章

経済の人工昏睡

世界中の中央銀行と政府は、コロナウイルスの世界的大流行がもたらす経済的影響に対処するための政策を次々と発表している。まるで政府と中央銀行には不況がもたらすであろうダメージが予見できているかのようで、そのせいか大胆かつ太っ腹に振舞っているが、その実、どこから手を付けていいのかわかっていないようだ。

未曾有の状況なので、それは責められない。世界金融危機で得た教訓はそのまま当てはまらない状況だ。今の状況に対処するには、公的資金による資本注入、資産価格の上方操作、会計規則の変更などを通じて銀行のバランスシートを再構成するだけでは間に合わない。必要なのは実質所得の補填だ。これは、バランスシートをいじることよりもずっと難しく、はるかに高くつく。

どこの政治家も皆、流動資金援助という手段に頼っている。これが意味するのは、対象企業がより多くの債務を負わされることになり、場合によっては、国が株式を取得せざるをえなくなるということだ。国の持ち物になりたい企業など、どこにあろうか？　したがって、できるかぎりこういう状況に至らないように努力しよう、という判断がどの企業にとっても合理的だ。これは従業員を解雇したり注文を取り消したりして、できるかぎり素早く経費削減を図ることを意味する。これでは景気後退を後押しするだけだ。

システムの変革は不可避な帰結か？

それはともかく、国による救済措置がこのような形でおこなわれれば、経済秩序はがらりと変わってしまうことが予想される。世界はますます国家主導型経済への道を歩んでおり、危機が長引くほど、そして、経済活動の落ち込みが大きくなるほど、そこに到達する確率が高くなる。

政府による支援の対価として、国は企業の株式を受け取ることになるが、これに関してはポジティブに見る向きもある。世界金融危機を引き合いに出して、利益が私有化され損失は社会化されるというような状況を回避するには、この方法しかないと言う人もいる。

しかし、この論理には穴がある。先の金融危機において経営難に陥った企業は、自らの行動によってその状況を招いている。だが、今回の状況は別だ。企業に責任はない。無論、今日の大企業における資金難の状況は、将来の困難に備える代わりに、負債を増やしてレバレッジを効かせることを選んだ経営陣に責任があるという議論もある。この数年間に数十億ドルの自社株買いを、時には信用取引でおこなってきた米国の航空業界の企業のことを考えれば、どうしてこういう企業や株主らが国の補助金の恩恵にあずからなくてはいけないんだ、という正当な疑問がわいてくるかもしれない。

あり得る解決策としては、過去5年間にキャッシュフローにおける一定額を超えて自社株買いをした企業に対する救済措置は、強制的な国有化と株主の全額または多額の損失を前提としておこなうということが考えられる。大多数の企業は非上場なので、この基準の適用外となる。そのような企業への支援は無条件でおこなわれるべきだ。

経済において政府が重要な役割を担うようになれば、負の影響がかなり大きくなる。

・国による支援は、効率を重んじて大企業に集中する。しかし、経済のバックボーンを構成するのは中小企業だ。そして、中小企業には支援が必要だ。ただし、支援が融資という形で提供された場合、以後何年もの間、企業は弱体化することになる。

・競争の歪みが生じることも想定できる。公的支援を受けた企業は、自らの経営資源でやりくりする企業に比べて有利な立場に置かれるからだ。これでは、自己資金で回っている企業を冷遇することになってしまう。公的支援を受けた企業の資金調達コストは、それ以外の企業よりもつねに低くなると考えられる。

・国は傘下の企業を管理・経営しなければならない。果たして、十分な能力を備えた公務員や政治家が見つかるかどうか、疑問の目を向けるべきだ。

・欧州の一部の銀行に見られるように、国が企業から手を引くには数十年かかる可能性があることは、先の世界金融危機から明らかだ。政治家が企業内の魅力的なポストを求め、そして、居座るというリスクもある。これは企業にとってよくないばかりか、国はすぐには撤退しないということを示唆している。

・将来的に見込みのない企業まで保護されてしまうリスクもある。こうした企業はコロナ危機前はゼロ金利政策が故に生き延びていただけなのか、あるいは、扱っている製品やサービスがコロナウイルス後の新たな世界で需要が見込めないものであるかのどちらかかもしれない。経済学者はこうした企業を「ゾンビ」と呼んでおり、その数の急激な増加は、近年の生産性向上の鈍化の一因となっている※1。さらなる「ゾンビ化」の進行はこの傾向に拍車をかけ、将来の成長の足かせとなろう。

怖いのは、知らぬ間にシステムが変わってしまうことだ。集中化の加速、大企業志向、そして事業効率から政府の影響への力点のシフトなど、副作用は深刻になるとみられるので、この点は少なくとも批判的な目で検証されるべきだ。ということで、別の戦略が必要となる。

答えは人工昏睡だったはず

ここで、この危機を止めて大恐慌の再来を防ぐにはどうすればいいのか、という疑問が出てくる。わたしの考えでは、まずは企業の存続にかかわる問題から対策を打つべきで、これを個人事業主から始め、グローバル企業に至るまで続けるべきだ。

このパンデミックが始まってすぐ、わたしはさまざまな記事で、どうしたらこれを実現できるかを説明してきた※2。すなわち、経済を人工昏睡状態に置かなければならないということだ。医療分野では「人工昏睡とは、数日間、稀に数週間にわたって使われる長期の全身麻酔である。患者は、麻酔薬と鎮痛薬によってコントロールされた状態に置かれ、意識と痛みはなくなる」と定義されている。これを経済に当てはめると、一定期間すべてを止めることを意味する。賃金も家賃も利息も発生しない状態だ。単純に、経済的な意味で1年の4分の1がないことにするわけだ。売上も債務もなくなる。

たとえばこんなシナリオが考えられる。コーヒーショップのオーナーが店の閉鎖を余儀なくされ、家賃が払えなくなる。家主は家賃をタダにし、その代わりに借金の利息や元本の支払いを免れ、その一方で銀行は賃金や利息の支払いを免れる。すべてが止まるわけだ。昏睡状態が3ヵ月続くとして、そのあいだすべてを停止するとしたら、その後は停止したところから再開して、その3ヵ月はなかったことにすればいい。

残念ながら、これは理論的にのみ可能だ。実際には、経済を完全に停止することは不可能で、食料など実際の支出は止まらない。また、年金受給者など、多くの人には経済情勢にかかわらず収入がある。だからこそ、人工昏睡状態に可能なかぎり近づけるための対策を講じなければならない。

これが意味するところは、ウイルスにより収入のほとんど、またはすべてがなくなった人々に対する補償が、経済的人工昏睡の原則にできるだけ厳密に沿う形で実施されなければならない、ということだ。そうすることで、昏睡期間後の苦難を防ぐことができる。昏睡前に存在しなかった義務は一切発生しない。繰り返す。あたかもこの3カ月がなかったかのような状態でなければならないのだ。

政治家側は現在、企業への融資や直接投資という形で流動性支援を提供しているが、これでは前述した昏睡の要件を満たせない。被害を受けた人々や企業は、昏睡状態から目覚めたときに以前はなかった経済的負担に直面することになり、多くの場合、これに対応できない。とくにレストラン、旅行業者、映画館をはじめとする業種の事業主にとって、売上の穴を埋めるのは不可能だ。数ヵ月後に車を買う人はいるかもしれないが、食べ損ねてきた食事の埋め合わせとして、以前の倍の頻度でレストランに通う人はいないはずだ。

減収補償

社会としては、減収を補わなくてはならない。もちろん、正確な損失はわからないが、納税者のことはわかる。さらに、景気低迷の打撃を受けたのは納税者だけであるとみて間違いないだろう。

納税者は、所得に応じて分けられる。理想としてはそれに応じたグループごとに以下のような政策対応措置を講じられることが望ましかったと言える。

・従業員に関しては、失業すれば所得は社会給付で補填される。この場合、個人的な債務は別だが、業務上の債務は一切あってはならない。一時的に定額失業給付と短時間労働者への報酬を増やすことも考えられる。これらは初日から支払われるべきだ。ほとんどの国が、この方向でなんらかの支援策を打ち出す。欧州大陸諸国ほど包括的な社会保障システムをもたない米国においてでさえ、政府は即時の支援策を決定している。

・自営業者や所得税納税企業の場合、過去数年間の収益がわかっている。これは納税申告書の内容から税務官が把握している。昏睡状態のあいだ、税務署は毎月、記録に残る最終年度における年間売上高の12分の１に相当する金額を、企業の口座に振り込むことになる。
・法人税納入企業に対しても、同じ手順が適用される。この場合も、すべての収益に相当する額が振り込まれることになる。

この手順は、申請や資産調査なしでおこなわれることが極めて重要だ。翌年になると、国から給付を受けたすべての国民は、２０２０年に事業がどう展開したかを税務当局に報告しなければならない。そして、受給者側には、次のような支払い義務が発生する。

・達成した収益（国から受給した減収補償金を含む）が２０１９年の収益と同等な場合、受給した金額は返済不要で、その収益による利益は課税される。
・達成した収益（国から受給した減収補償金を含む）が２０１９年の収益レベルを上回った場合、受給した金額のうち、２０１９年の収益レベルを維持するために必要だった分以外は返金しなければならない。利益は通常どおり課税される。
・受給者が政府からの給付額の一部またはすべてをキープする場合、２０１９年の水準が利益の上限として設定される。そして、上限を超える分の利益はすべて、100％で課税されることになる。これによって、企業は強硬な経費と人員の削減に着手しにくくなるはずだ。

いずれの場合も、このモデルは2019年の売上水準を保証する。給付金に依存しない企業家は、減収補償金をすぐさま返却することができる。受給した不必要な資金は、遅くとも2020年の納税申告をする際に返却しなければならない。政治家側としては、たとえば、1カ月以内に返金した場合に返金額を現金割引するなどして、不必要な減収補償金の即時返却を促すこともできる。

このような措置の利点は明らかだ。経済的に昏睡状態のように機能し、しかも簡単に実践できる。危機が沈静化した暁には、必要のない給付を受けた人は所得税の申告後、国に返金することになる。

公平だろうか？　恐らく、そうとは言えないケースも個々にはあるかもしれないが、ほとんどの場合、答えはイエスだろう。無論、コロナウイルスが出現しなくても、売上が減少していたであろう企業もあるかもしれない。受給者による乱用によって、給付金が失われるケースも出てくるだろう。しかし、その額は総額に対して無視できる程度であるはずだ。個々の受給者が給付金に満足して、働く意欲をなくすというリスクもあるかもしれない。しかし、このような人たちは個人企業家である可能性が高く、その数は限られる。従業員と、オフィスや店舗などのインフラを抱える企業家は、そうはならない。長期的に見て会社を危険にさらすことになるからだ。だから、総じて重要なポイントではない。

この措置の決定的な利点は、どの企業も、国から振り込まれた金額を含めた売上が、どの程度になるかを把握できるようになることだ。企業あるいは企業家は、借金をしすぎることへの心配も、国が主要株主となることへの心配もしなくてすむ。何よりも、このアプローチは非官僚的であり透明性がある。税務署の職員は危機が続くあいだ、この件に集中して取り組む必要がある。

経済活動が3ヵ月間ストップしたと仮定すると、理論上の最大支出額は年間GDPの25%ほどとなるが、そうはならないだろう。だから、実際のコストはGDPの10%ほどになると見ている。

「精神的昏睡」は効果的かつ効率的

我々の前にあるのは、互いに補強し合い、全体として景気後退を加速するさまざまな問題だ。この危機によってどれほど、そして、どのくらいの期間苦しめられるのかは、どの企業にもわからない。国の支援策がどのように機能するのか、あるいは、機能しないのかさえわからないなか、企業は長期的な影響を憂慮している。将来的に借金を返済しなければならない、あるいは、共同経営者となった国を排除しなければならないとなると、企業はそのような状況を避けようとあらゆる手を尽くすだろう。だから、やみくもに経費削減に努め、その結果、危機に油を注ぐことになってしまう。昏睡アプローチのほうがすぐれている。

現在の低金利環境において、こうした支出を賄うための短期資金調達は、各国政府にとって問題ではない。融資とエクイティの供与という道を選んだ政府はすべて、将来的に債務免除というまっとうな要求と向き合うことになろう。政府はこの道をたどり、誰がどのように支出を賄うのか個別に決めることになる。

[参考文献]

1　国際決済銀行, “BIS Quarterly Report September 2018”
https://www.bis.org/publ/qtrpdf/r_qt1809_de.html
2　SPIEGEL (online), “Versetzt die deütsche Wirtschaft in ein kunstliches Koma!”, 22 March 2020
https://www.spiegel.de/wirtschaft/soziales/corona-rettungsplan-versetzt-die-deutsche-wirtschaft-in-ein-kuenstliches-koma-a-14514605-cb48-476c-9383-72616c21e2dd

第5章
閉じたものは再開しなければならない

良い知らせ：コロナ危機はいずれ終わる。
悪い知らせ：想像以上に長期化する恐れがある。

私たちが対応することとなる不況が一時的で終わるか、長期化するかは、次の3つの要素次第であろう。すなわち、経済ショックがどれくらい継続するのか、ショックの波がどれくらいの強さで経済システムを突き抜けていくのか、そしてこの「期間」と「強さ」が相互にどれくらい影響を強め合うのか。

したがって、本章以降では、コロナ危機を受けて私たちは何をなすべきかに焦点を当てようと思う。まず本章では、おもに、医療関連の対策が一段落して、生産消費活動が事実上自由にできるようになったときの対策について考察する。企業や個人が以前と同じ生産消費活動を再開することは、理論的に可能であるとしても、現実的に実行できるということには必ずしもならない。なぜならコロナウイルスがもたらしたダメージは相当に深刻で、**status-quo ante**（ステータス・クォー・アンティ）、すなわちコロナウイルス前の状態を素早く回復しようという私たちの意欲や力を削いでいるからである。

このことは、黒死病、スペイン風邪、ＳＡＲＳに至るまで、過去の12のパンデミックを包括的に研究した結果からも明らかになっている。そのすべての事例において経済活動は長期にわたり著しく停滞したのである[※1]。

社会の再開に向けてのシナリオ

私たちはまず、楽観的、現実的、悲観的という起こり得る3つのシナリオを考察するところから始めなくてはいけない。この中のどのシナリオが現実になるのかまだわからない。

・楽観的シナリオ：行動の自由を禁止し、経済活動を一部もしくは広範に停止するなど一般の生活を制限することによって、ウイルスの抑制に成功できている。4〜6週間で正常に戻ることができる。

・現実的シナリオ：行動制限の効果は一時的。解除後すぐにコロナ感染者数は急増し、市民一般の生活は再度の制限を余儀なくされる。制限の緩和と強化を繰り返す長期戦の様相を呈してくる。

・悲観的シナリオ：制限が緩められると感染は急速かつ大規模に拡大することになる。したがって、比較的厳しい水準の対策が継続されることとなり、経済への影響は長く続く。

読者が本書を手にするころには、今、わたしが知っている以上のことがわかるようになっているであろう。楽観的シナリオのほうが正しかったとなる可能性は十分あるが、悲観的なシナリオになる可能性もある。

どのシナリオになるかは、わたしはもちろんおそらくウイルス学者でも判断できない要素が関係してくる。ワクチンの開発と、より効果的な医薬品の開発・普及が早いほど、早く正常に戻ることができる。

早期正常化にもうひとつ重要なのは、病院の受け入れ能力である。もし集中治療病床と人工呼吸器が2倍になれば、医療システムが対応できる患者数は増える。医療システムの能力が大きくなるほど、患者数急増を回避する対策は少なくてすむ。しかしこれができたとしても、必要とされる能力に達するまでには、数年とまではいわないにしても、数ヵ月はかかるであろう。

ウイルス治療のためのワクチン接種や投薬ができるようになることを希望するばかりであるが、早期に実現したとしても、経済的な打撃はすでに大きなものとなっている。

ロジック

インペリアル・カレッジ・ロンドン（Imperial College London）の研究チームがつくり、イギリス政府の意思決定に組み入れられたひとつのシミュレーションモデルがある。このモデルを開発するにあたって同チームが利用したのは、インフルエンザ流行分析のために開発された既存のモデルである。その潜伏期間と感染率の仮説を踏まえて、「基礎再生産数」は2・4とされた。すなわち、免疫をもつ人が誰もおらず、且つほかに拡散防止策がとられなければ、1人の患者が平均2・4人に感染させるということである。

このモデルによれば、人口のかなりの割合の人が3～4ヵ月以内に感染すると推定され、その割合は80％まで達するとされる[※2]。感染した人のうち、症状が悪化し入院が必要となる患者の比率は4・4％である。さらに入院した患者の30％は集中治療室に入ることが必要になると考えられる。これは中国の感染実態をイギリスの年齢別人口構造に当てはめることによって算出した結果である。

ドイツの数字を例に取ると、要入院患者が289万人にのぼり、86万床の集中治療病床が必要になる。その要入院患者を仮に3ヵ月均等に割り振ることができるとしても、コロナウイルス患者のための病床は100万前後必要となる。これに対して、ドイツの現状の総病床数は49万7000床、集中治療病床は2万8000床である。今回のような緊急事態で必要となる大量の病床数を常時備えておけるわけではないので、必然的に現有総病床の80％は使用中となる。3月中旬にドイツ銀行（Deutsche Bank）がおこなった試算では、仮にドイツにおけるウイルスの拡散が限定的であるとしても、集中治療病床の空きは5月中旬以降、病床の空きは6月初め以降になくなる見込みであった[※3]。4月末の時点でドイツは、ソーシャルディスタンシングなどの施策が功を奏し、死亡者数も低く保たれているので、そうした事態に陥ることはなんとか回避できた。

中国においては、公式の死者数は、感染者の0・5～1・5%であった。インペリアル・カレッジ・ロンドンの研究チームはイギリスについて0・9%という仮説を用いたが、これはヨーロッパの人口が平均して年齢層が高いことを考慮したものである。知ってのとおり、ウイルス感染はとくに高齢者で多い。したがってヨーロッパでもっとも高齢化の進むイタリアで中国以上に感染が広まったのは偶然ではない。ヨーロッパで2番目に高齢化の進むドイツは、およそ59万人が死亡する事態に直面する可能性があった。

この病気は十分に治療できないと仮定すると、ウイルスの犠牲になる人は59万人ではなく87万人となる可能性を排除できない。この数字は、集中治療病床を必要とする患者のなかでも、集中治療を受けられずに死亡する人も出てくるという極めて悲観的な仮定に基づくものである。

少なくともこの28万人の差を縮小するために、ウイルスと闘うのである。加えて、現状の処置では救えない命のなかに、新しいワクチンと有効な治療薬の供給増加の両方またはいずれかによって救えるものが出る可能性がある。救える可能性のある命は50万人にのぼると推定された。

この計算の根拠となっているのはインペリアルカレッジの研究チームの成果である。彼らは、抜本的な対策をとればウイルス拡散は減速または抑制されるのは間違いないとする一方で、それでリスクが完全に除去できるわけではないことも示している。社会的制約が緩和されるとすぐに感染率は再上昇し、感染者数は急増する。ただ、このときの新規感染者は、それ以前の感染履歴がない人のみであると期待されている。

さらに研究チームの計算によると、２０２０年秋には、感染の第二波に見舞われる可能性がある。ワクチンの開発と治験、そして広範に接種されるまでには2年かかる可能性があるので、厳しい制限がまた必要となるだろう。

一方、もう少し希望的に見ている研究者もいる。ボストン大学の専門家チームによれば、インペリアル・カレッジ・ロンドンの疫学グループの計算は過度に悲観的な仮定をベースにしているという。ボストン大学の専門家チームは、新規感染者数が少ないならば、感染拡大を避けるためには、発症した人だけを隔離すればよいと考えている。しかしそれは、韓国で実施されたように、市民が広範に検査を受けることが前提条件として必要となろう※4。

このシナリオは、ウイルスの感染力がどれくらいで、今後の個別患者の隔離が容易になるように感染拡大を抑制する対策が十分であるかどうか、また、治療法確立までどれくらいの時間を要するか、というような私たちが明確には評価できない変動要素に依存している。

最終的な結果は、市民がどれくらい規律正しく行動できるかしだいである。中国政府は、何百万人もの市民に外出禁止を要求するという徹底的な対策を導入したが、西洋社会ではそうした対策はそれほど容易ではない。インペリアル・カレッジ・ロンドンの計算によると、政府の諸施策に対し、市民の少なくとも50〜75%の理解と協力がなければ結果はこの計算での仮定を下回ると考えられる。

費用対効果

いずれにせよ私たちは、個人の活動や経済活動を永遠に止めているわけにはいかない。方針を変えよという圧力は増大し、規制やむなしという声は減少していくだろう。ウイルスがもたらすダメージについて、感情的な言葉で表されるだけではなく、徐々に経済的な用語で計測されるようになるだろう。

ドイツの例で考えてみよう。2020年3月中旬の時点で経済的損失の総額は少なくとも1520億ユーロ（18兆2400億円）にのぼったと推定されている。ミュンヘンに拠点を置くIfO経済研究所（IfO Institute）によると、1週間ごとにさらに250（3兆）〜530億ユーロ（6兆3600億円）のGDPが失われたという。したがって、活動縮小が3ヵ月となると、GDPの20％にあたるおよそ7000億ユーロ（84兆円）の損失が発生しておかしくない※5。

見通しはどの国もあまりよくない。アメリカのゴールドマン・サックスは、現状をアメリカ史上最大の停滞であり、世界経済は景気後退局面に突入すると予想する※6。すなわち世界中で、人々が収入と職を失いつつあるということである。これは先進国の人々にとって厳しいことであるのと同時に、発展途上国の人々にとっては生存がかかった問題に直結する。たとえば、グローバル繊維産業のサプライチェーンで衣類のオーダーのキャンセルが起きると、アジアにおいて何百万人もが職を失うことになる。国連は、アフリカにおいては職の半分が失われる恐れがあると指摘している。

ここで必然的に難問が生じてくる。それは、救われる命が相対的に少なくなるとしても、経済的なダメージと、その反動の長期化のほうを懸念すべきなのかという疑問である。先ほど単純概算した28万人の命は、集中治療室の収容能力が不足すれば失われることになる。対策を取ればその命がなんとか救われることを考えると、これは一人当たり54（6480万）～250万ユーロ（3億円）、総額で1520（18兆2400億）～7000億ユーロ（84兆円）の社会投資の問題となる。

患者の大半が高齢者で、平均余命が少ない（65歳であれば約20年、80歳であれば約10

年）ということを考慮すると、算出されるコストは生涯1年当たり2万7000（324万円）〜25万ユーロ（3000万円）に達することになる。

もちろん、人の命をこのように金額で評価することは、とても容認しがたいことではあろうが、事故補償金額を算出するときのような状況においては、極めて普通のことである。たとえば、ニューヨークでの9・11テロの遺族は、犠牲者の年齢と職業に応じて25（2750万円）〜600万ドル（6億6000万円）の補償を受け取った※7。600万ドル（6億6000万円）という数字は、今回の極端なシナリオであってすらとてもおよばないが、それでも25万ドル（2750万円）以上にはなっている。

もうひとつベンチマークとなるのがQALY《クオリー》（Quality Adjusted Life Years：質調整生存年）である。イギリスのNHS（国民保健サービス）はこれを、新療法の価値を評価するための指標として用いており、1QALY当たり2万（260万円）〜3万ポンド（390万円）以下のコストとなる療法のみが医療制度でカバーされる（訳注：QALYは生存における量と質の2点を評価して疾病負荷を測定し、医療行為に対しての費用対効果を経済的に評価する技法。1QALYは完全に健康な1年間に相当、死亡すれば0QA

LYと算定し、それに生存年を掛けて算出した数値が高いほど「効果が高い」と見る）。

もし推定死亡率が大幅に過大評価されており、実際には0・9％ではなく0・3％のほうに近いという結果になったとしたらどうなるか？　スタンフォード大学のジョン・P・A・ヨアニディス教授は、この数字は非現実的なものではないとする。0・9％を適用しているとするならば、これまでの救命費用は一人当たりすでに150万ユーロ（1億8000万円）以上であるが、これが0・3％になったら、その数値は750万ユーロ（9億円）に達する。ヨアニディス教授は、意思決定に必要なデータが十分なければ、私たちは現在失敗を犯している恐れがあると言う※8。

この推論が優勢になったときに大問題となるであろうことがある。それは福祉に関連する実体経済や社会が、今後どうなるのかもはや見えなくなるために起こる問題である。経済的にも社会的にもダメージはじわじわと現実的となり、企業は破綻、人々は失職、自営業者は倒産危機にある。DV発生水準は上昇、自殺は増加、困窮家庭・児童も増加している。そうした社会的トラウマがそれほどまでに高まるゆえに、適切なエビデンスがないままに制限緩和が進む可能性がある。政治家はこうした圧力が高まる事態に注意しておくべきである。とくに、ヨアニディス教授の疑念が正しかったことが明らかになったならばなおさらである。

政治の力で昏睡状態から脱出させる

正常に戻り次第、経済回復に向かって動き始めるべきである。経済には自己治癒力が働くと期待できるので、雇用、消費、投資はふたたび上昇に転じるであろう。人々は外出を再開し、レストランや映画、旅行に行き、危機のあいだ止まっていた消費を取り戻そうとするだろう。

社会的制限が課せられていたあいだ、投資は低迷していたので、資金が増えている人もいるだろう。一方で、手持ちに余裕がなくなっている人も相当数にのぼっているであろう。これには失業、短時間労働、売り上げ機会損失が影響している。それ故に追加の経済刺激策が必要なのである。市民には購買力向上を、同時に企業には危機がもたらした財務悪化に対処する支援をする政策が求められる。

需要を喚起するためには、個別製品のＶＡＴ（付加価値税）の一時的低減（わたしはこれには懐疑的だが）から商品券の配布までさまざまなアイデアがある。ＶＡＴ削減による価格効果があるかどうかは疑わしい。なぜなら売り手が買い手に減税分を還元する義務はなく、また数％ポイントの価格低減では需要に大きなインパクトをもたらすとは考えにくいからである。ＶＡＴ削減の価格効果があるのは、自動車など大きな買い物においてのみである。むしろ現在の状況にあっては、もっと広がりのある需要復興が必要なのである。

そこで市民への商品券の配布というアイデアがおもしろくなってくる。商品券には、たとえば発行後3ヵ月有効とか、あるいは3ヵ月後から有効とするなど、有効となる期間を限定する必要がある。それによってお金は貯蓄に回ることはなく、すぐに循環するという即時的効果がもたらされる。商品券構想の実施はすぐに始めるべきである。商品券ではなく一定額の現金を一律給付するという考え方もある。このほうが行政的には容易であろうが、給付のかなりの部分が貯蓄に回る可能性があるので効果は薄れる。

全市民への商品券配布は、必要としない富裕層・高収入層にもわたるのでフェアではないとする批判もすぐに出てきそうである。逆に、年金生活者や公務員は、危機による金銭的ロスの影響がないので、商品券を受け取るべきではないとする声もあるだろう。こうした批判は重要な点を見落としている。この方策の唯一の目的は、早急に需要を再生させることである。消費者向け商品券はそのための最良の方策である。その財源をどうするか、将来誰が負担するかは別の問題である。詳しくは後で触れる。

ただし、これで十分とは言えない。自営業から大企業に至るまで、企業が受けたダメージは相当なものになろう。不幸にも政治家は、「人工昏睡」の原則に従っていなかったので、大きな負債を背負ったり、共同経営者という地位に甘んじたりすることになる企業も多くなると思われる。これが企業にもたらす影響は長く続き、投資活動を鈍らせ、したがって今後何年も経済発展が鈍化することになるだろう。

それゆえ、包括的な債務猶予がなければならないのである。こうした債務支援策は必須であり、早い段階での告知、実施が必要である。信用に頼った結果受けたダメージはもはや取り消しはできないが、少なくとも削減はされるべきである。

この点についても、債務支援はそれをほとんど必要としない人への金銭ギフトと同等であるという批判もあろう。しかしそのように捉えるのは適切ではない。中規模のアントレプレナーの多くは、自己資産を事業活動に充当しているので、適正に保護されるべきなのである。消費者向け商品券給付と並んで、経済ショックの負担を公平に配分する補償政策も提供されるべきである。

［参考文献］

1 オスカー・ジョルダ（Oscar Jorda），サンジェイ・スリン（Sanjay Slingh），アラン・テイラー（Alan Taylor），"Longer-run economic consequence of pandemics" ,March 2020
http://ssingh.ucdavis.edu/uploads/1/2/3/2/123250431/pandemics_jst_mar2020_.pdfii 「エコノミスト」誌 "In Europe, and around the world, governments are getting tougher",19 March 2020
https://www.economist.com/briefing/2020/03/19/in-europe-and-around-the-world-governments-are-getting-tougher

3 「F.A.Z. NET（ファズネット）」（F.A.Z.：ドイツの日刊紙フランクフルター・アルゲマイネ・ツァイトゥング）"Bis wann reichen die Krankenhausbetten? ",13. March 2020
https://www.faz.net/aktuell/wirtschaft/corona-in-deutschland-bis-wann-reichen-die-krankenhaus-betten-16676537.html

4 『Welt』"Wir müssen und die Volkswirtschaft gleichzeitig retten",22. March 2020
https://www.welt.de/debatte/koammentare/article206709335/Gastbeitrag-Wir-muessen-Menschenleben-und-die-Volkswirtschaft-gleichzeitig-retten.html

5 IfO経済研究所 "Corona wird Deutschland Handerte von Millionen Euro",23. March 2020
https://www.ifo.de/node/53961

6 「F.A.Z. NET（ファズネット）」"Ökonomenerwarten Wohlstandsverlust von bis zu 700 Milliarden Euro",23. March 2020
https://www.faz.net/aktuell/wirtschaft/konjunktur/oekonomen-zu-corona-bis-zu-700-milliarden-euro-wohlstandsverlust-16692391.html?premium=0x5f9cfd924e981480fa33c5e35ac20c16&GEPC=s5

7 「Makronom（マクロノム）」誌 "Wie viel 'kostet'ein Mensch? ",20. May 2019
https://makronom.de/wie-viel-kostet-ein-mensch-31010

8 「STAT（スタット）」"A fiasco in the making? As the coronavirus pandemic takes hold, we are making decisions without sufficient data",17 March 2020
https://www.statnews.com/2020/03/17/a-fiasco-in-the-making-as-the-coronacirus-pandemic-takes-hold-we-are-making-decisions-without-reliable-data

第6章

ユーロ圏という危機的患者

3月中旬、すでにイタリアでは数週間にわたってパンデミックが猛威を振るっていたときのこと、ヨーロッパの一体性を熱烈に支持し、ドイツに友好的な感情をもっている人が、わたし宛に送ってきたメッセージは、極めてショッキングな内容だった。

「今は難しい時期ですが、同時に道徳的な偉大さを示すときでもあります。私たちイタリア人は、この危機にあってがんばっています。人々は平穏を保ち、街路には人が出ておらず、スーパーには商品が十分にあります。イースターのケーキでさえ不足はありません。もちろん、アパートに閉じこもりを余儀なくされたり、ロンバルディアのような地域が孤立したりしようとは、最近になるまで思いもよらないことでした。わたしの知人はみんな、経済の再開に向けて準備をしています。私たちは危機からより強くなって立ち上がるだろうと、みんな感じています。

私たちはこの先何が起きるのか、あなたたちにお知らせします。私たちの言うことに耳を傾ける代わりに、私たちのアプローチをあなたたちは疑問視しましたね。今やヨーロッパのどの国も、私たちが実施したような厳格な隔離策に追随しています。私たちがもっとも困っていたときにヨーロッパがイタリアを見捨てたことを、私たちは永久に記憶にとどめるでしょう。イタリアの死者数が多数にのぼったことに対しても心に響く弔意をいただくことはありませんでした。
イザベル・シュナーベル（訳注：ECB〔欧州中銀〕専務理事）の繰り人形であるラガルド女史（訳注：ECB総裁）と、ブンデスバンクが、イタリアを見捨てたやり口を、私たちは決して忘れないでしょう。この危機を乗り越えたあと、イタリアがヨーロッパを見る目は変わっていることでしょう。ヨーロッパ統合に尽力し、数週間前まではヨーロッパのもっとも熱心な支持者であったリベラルエリートたちでさえも、ヨーロッパに対する強い嫌悪感に冒されてしまいました。イタリア人は真剣です。ヨーロッパは私たちを裏切ったのです」

このメッセージはもちろん全体の意見を表したものではないが、それでも考えさせられる。イザベル・シュナーベルやブンデスバンクがECB内部を牛耳る立場には絶対になく、そうした感覚でいるはずがないことを理解しているはずの親ヨーロッパ派の人々でさえこのような感情をもっているとするならば、それは、この危機に対してEUやユーロ圏がいかに脆弱であるかを示している。

イタリアの疎外感

ヨーロッパによるイタリア援助は、内容的にもタイミング的にも適切なものではなかったことは確かである。ドイツからマスクの輸出を制限するなど、医療資材の援助に及び腰だったのは、パートナーからの仕打ちとしては考えられない。その後ドイツは、3月末現在までに、300台の人工呼吸器などの医療器具を送付したが、それでも印象は悪いままである。ヨーロッパの友邦から援助を受ける代わりに、イタリアは中国・ロシア・キューバから支援を受け取った※1。

マリオ・ドラギの後継者として2019年秋からECB総裁職にあるクリスティーヌ・ラガルドは、ユーロ域内における各国国債のリスクプレミアム（スプレッド）を縮小させるのはECBの役割ではないと発言した（訳注：イタリア国債のスプレッド拡大を受けて、各国国債の直接買入れ［OMT］発動の有無を問われての発言）。

この発言はとくにドイツ国内の強硬派からは好感をもって受け入れられたが、これは内容的にもタイミング的にも誤った声明だった。この声明は、ＥＣＢはユーロ圏のすべての国に対して責任を負っているとは感じていないというシグナルを資本市場に送ることになり、イタリア国債のリスクプレミアムは急反発し、4週間で2倍になった。ＥＣＢがすぐに方針変更したのは当然だった。ラガルド総裁は先般の声明がなかったかのように、新たに７５００億ユーロ（90兆円）の国債買い入れプログラムを発表した（訳注：ＥＣＢ理事会は6月4日、買い入れ枠を1兆３５００億ユーロ［１６２兆円］に拡大することを決定した）。このキャンペーンはパンデミック緊急購入計画（ＰＥＰＰ：Pandemic Emergency Purchase Program）と名付けられた※2。

既存の国債引き受け計画の最上位に置かれることになったこの７５００億ユーロ（90兆円）による買い入れは、２０２０年末までは完全に継続されることとなっている。すなわち、ＥＣＢは過去最大となる毎月少なくとも１０００億ユーロ（12兆円）を国債購入に費やすということである。

さらに、既存の買入れ適格要件の枠組みの中でそれだけの金額に見合う国債を見つけることはしだいに困難になってきているので、要件緩和がなされた結果、ECBは国債に加えて社債購入やローン貸付もできるようになっている。クリスティーヌ・ラガルドは「ECB政策理事会は自らの権限の範囲内で、必要なことはすべてやる」と宣言し、2012年マリオ・ドラギ前ECB総裁が「あらゆる措置を取る」と言ってユーロ通貨同盟を守った当時と同じ約束をふたたび表明することとなった。

偶然ではあるが、危機の初期の数週間で、ドイツ国債の利回りも上昇した。直観的には反対方向に動くと考えておかしくはなかった。このことは資本市場が、ドイツは相当額の追加財政負担を余儀なくされるだろうと決めてかかっていることを示している。アメリカなどドイツ以外の国では状況は正反対で、債務が大きく増加している一方、金利は下落していた。このような差異が生じたことは、ドイツの負担がずっと大きなものになるか、ユーロ圏とEUの生き残りリスクがいまだに回避されていなかったかのいずれかであることを示している。

EUとユーロは危機以前からすでに脆弱だった

コロナ危機が勃発したとき、EUとユーロは強者の立ち位置にいたのではない。それどころか、過去10年相対的な経済停滞が続いたため、加盟諸国の多くは不満を募らせていた。不満がとくに高いのは、危機に見舞われたイタリアで、すでに見てきたように、同国の一人当たりGDPは1990年代末と変わらない水準で停滞している。そのことはユーロだけの責任とは言えないが、ユーロ通貨同盟の枠組みもまた、経済的難題に立ち向かう役には立たなかったのである。

コロナウイルス危機の前、イタリア人の36%は、ユーロはイタリアにとって悪いと答えている。コロナ危機に加え、ヨーロッパ人とECBがイタリアを見捨てたという感情がイタリア人に広まったことが、この比率をさらに増加させるであろうことは火を見るよりも明らかである。

加盟国のユーロに対する評価

評価値は2019年の回答者率（%）、2018年比は%ポイント。
回答の内、「判断できず」と「わからない」は除外。

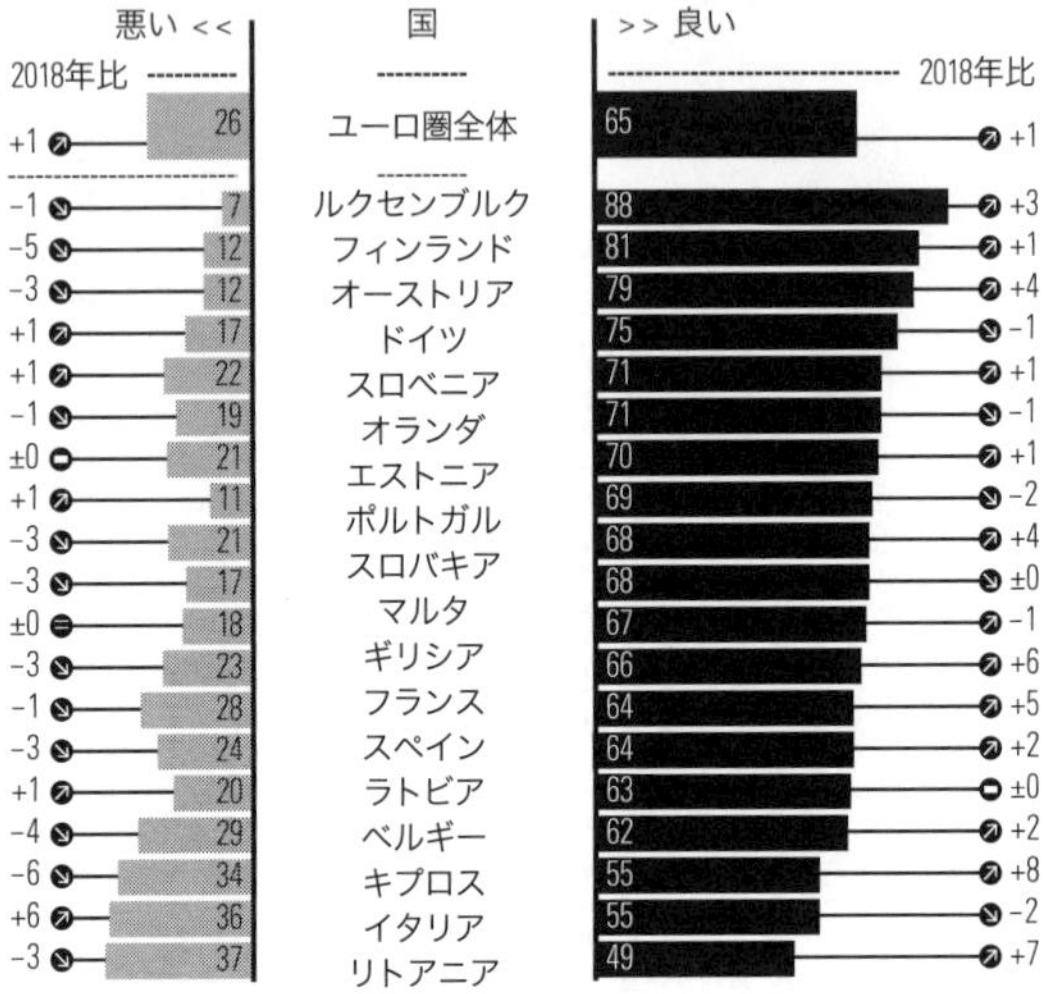

出典：ユーロバロメーター（Eurobarometer）2019年11月
https://ec.europa.eu/commission/presscorner/detail/en/ip_19_6402

これをユーロの終焉と見るべきなのだろうか？　そうとまでは言えないが、２０１１年のユーロ危機の影響をまだ乗り越えられていないユーロ通貨同盟にとって、終焉に向かうリスクが増加したとは言える。また、ユーロ危機の真の原因はいまだ理解されていないか否定されているため、政治的な対応が不十分、もしくは誤っている。

ＥＵへの好感度は改善されていない。ここにもユーロと同様、最近の不満の増大が影

加盟国のEUに対する評価

数字は回答者率（%）、「わからない」回答は表示せず

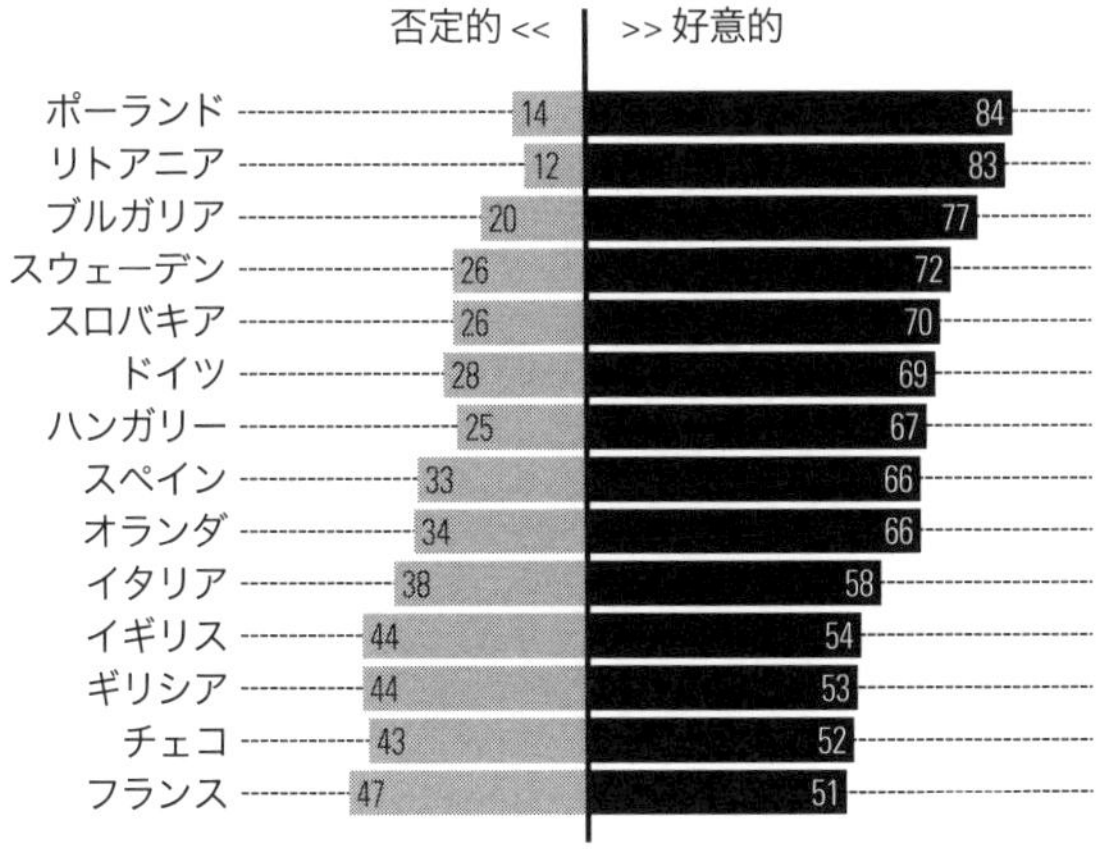

出典：ピュー研究所（PEW Research Center）
European public opinion three decades after the fall of communism、2019年10月14日
https://www.pewreserch.org/global/2019/10/14/the-european-union/

響をおよぼしている。

興味深いことに、ＥＵ離脱を決めたイギリスではない。フランスはとくに批判的であったが、２０２０年秋までには調査結果はさらに悪化した構図になっているであろう。

ＥＵの危機管理の惨状は、3月25日のイタリアの世論調査にもすでに表れている。イタリア人の42％は、ＥＵは危機を克服する努力を妨げており、そのことはＥＵを離脱する十分な理由となり得るという見方を示している※3。別の調査では、67％がＥＵに加盟していることを否定的

に見ており、これは2018年11月の調査から20%ポイント上昇している※4。

EUとユーロへの好感度の低下は、すでにコロナウイルス危機以前に明らかになっていた。EUは、

・2019年秋まで、金融危機、ユーロ危機のもたらした結果から回復しなかった。
・ブレグジットがどれだけEUコミュニティを弱体化させているかを認めようとしなかった。
・富の創出、対域外安全保障という主要な盟約を果たせなかった。
・政策の優先度設定を誤った。

ユーロ圏とEUは、新たな景気後退への備えがほとんどできていなかったのだ。

そもそも、なぜユーロは機能していないのか

ＪＰモルガンの研究によると、ユーロ通貨同盟は加盟国相互間の経済的な共通性が少なく、仮に世界中で国名が「Ｍ」で始まるすべての国が参加する通貨同盟があったとしたら、そちらのほうがむしろ共通性がある（訳注：イニシャルが「Ｍ」という共通性だけはあるという皮肉）としている。その研究において共通性有無の尺度とされたのは、単位労働コスト、賃金、生産性などの競争力、経済サイクルの同時性、そして加盟国がそうした諸側面でひとつにまとまっているかどうかなどである。

同様の結論に至っている研究はほかにも多い。信じがたいことだが、私たちは2000年まではユーロを導入するという決定によって「一体」となっていたのだ。加盟諸国間の違いが徐々に広がっていったのは、それ以降のことである。

国際通貨基金（ＩＭＦ）がおこなった研究によると、強い国は生産性や革新性が比較的高いためますます強くなる一方、弱い国々はますます弱くなっている※5。

導入以降のユーロの歴史をざっとおさらいしてみよう。まず、ヨーロッパ中の金利が、ドイツ並みの低いレベルに向けて収斂し始めた。これは、ユーロがドイツマルク並みの安定した通貨になり、それによって、スペイン・イタリア・フランス・ポルトガルなどの高インフレ率が低下することが期待されたためである。しかし、インフレ率は金利ほどには急速に低下しなかったので、実質金利（名目金利からインフレ率を引いた値）はマイナスとなり、これが借金に走らせる強い誘因となった。

イタリアなど財政赤字削減の切迫度合いが小さかった国々があった一方、他の国々、とくにポルトガル、アイルランド、スペインにおいては民間債ブームが起こった。同時に発生したのが不動産バブルである。銀行が不動産投資を低リスクと考えて選好したためだ。これがさらにブームを過熱させた。不動産価格が上昇して投機の安全性が示されると上昇はさらに続き、不動産投資への資金需要は一層高まった。同時に始まった建築ブームが経済全体を刺激し、不動産需要をさらに過熱させた。

バブルがはじけるのは、時間の問題だった。きっかけとなったのは（しかし原因ではない！）、ギリシア政府が、その政府債務水準がそれまでに公式発表されていたものよりも著しく高いと認めたことだった（訳注：2009年10月、政権交代時に旧政権の粉飾財政が暴露された）。ユーロの信用危機は、マリオ・ドラギがユーロ防衛のためには「あらゆる措置を取る」という有名な約束をするに至るまで止まらなかったのである。市場への通貨供給量をいかようにも管理できる中央銀行には誰も（訳注：とくにドイツ政府とブンデスバンクを指す）対抗できないので、ユーロ危機は終了できた。少なくとも終わったように見えた。実際には危機はくすぶり続けており、ＥＣＢは低金利政策の継続を余儀なくさせられていた。

ユーロ危機が始まったときから、加盟各国はこの債務資金調達ブームの行く末を是正しようとしていた。そのためには、競争力の回復、銀行の健全財務の回復、ブームの時期に累積した不良債権の削減が必要だった。こうしたことを進めるには困難が伴い、時間もかかる。そのうえ、これによって加盟国が一体化する方向ではなく、さらに分離化する方向に進むのである。

ユーロ圏諸国の共通性はますます少なくなっている。一方には次のような苦境の最中にある国々がある。

・「日本的シナリオ」と同等の道を歩み、20年間停滞しているイタリア
・不動産バブルが崩壊したあと、相次ぐ国債増発を余儀なくされたスペイン

・国と民間部門双方とも債務水準が高く、特許登録件数に見られるように、ユーロ圏で技術革新力がもっとも低いポルトガル
・そして、債務再編中で他加盟国から支援を受けているにもかかわらず、いまだに債務水準が非常に高いギリシア

その対極にいるのが、ユーロのおかげもあって国際的競争力を高めつつあるオランダやドイツである。フランスは両グループの中間で、危機下にある国々ほど弱くはないが、オランダ、ドイツほど強くはない。

1865年のラテン通貨同盟（訳注：金銀複本位制を取っていたフランス、イタリア、ベルギー、スイスの4ヵ国を原加盟国とした通貨同盟）がそうであったように、国家主権が異質な国々が、通貨システムを介して統合することはできないということは、はっきりとさせておくべきである。

同様に、その当時も起こったことであったが、加盟国が離脱する場合の損失を恐れるために、同盟を維持しようとするあらゆる手段が講じられるということも認識しておくべきである[※6]。

ユーロ地域が無秩序に崩壊する場合の損失は膨大なものとなる。グローバル金融システムと経済への衝撃は、金融危機時以上の規模になると推測している研究もある※7。

政治の側が無秩序崩壊のシナリオからは距離を置くのは驚くにはあたらない。理由は単純で、政治ではそのシナリオの現実化を予防できないためである。IMFは、債務への連帯対応（ESM〔欧州安定メカニズム〕や銀行同盟）、再分配率向上（たとえば共同失業保険スキームなど）など、あらゆるユーロ安定化策を講じても成功しないだろうと言った。その理由として、そうした策では量的に不十分であり、かつユーロの基礎設計の不完全性を改善することにはならないことを挙げている※8。

この問題は時間が解決してくれるものではなく、先延ばしするほどむしろ大きくなる。債務水準は高止まりし、労働力はまもなく縮小に転ずるという状況で経済成長はますます低下し、生産性向上も進まない。新たな緊張と危機が発生するのも時間の問題である。持続可能性のない状態は、結局うまくいかないのだ。

そもそも、なぜEUは機能しないのか

２０１９年秋、ＥＵはまったくうまくいっていなかった。ＥＵは過去20年間、自らの目標を達成できていない。２０００年3月、リスボンで開かれた特別サミットで、ヨーロッパ各国首脳と政府が採択したプログラムは、ＥＵを「２０１０年までに世界でもっとも競争力があり、ダイナミックな知識経済」の連合にするというものだった。その狙いは、日本および、とくにアメリカに対する、生産性と創造性の優位を高めることだった。

２０１０年、その目標が達成できずに今度は、２０２０年までに達成すべき「後継戦略」として、「ＥＵＲＯＰＥ２０２０―スマートで持続可能な包括的成長」が採択された※9。２０２０年現在、達成されていない目標は次のとおり。

・ＧＤＰの3％とされたＥＵ域内の研究投資目標は、実際はＧＤＰの2・07％だった。目標値を上回ったのは、スウェーデン、オーストリア、デンマークとドイツだけであ

る[※10]。

・人口比の特許件数という観点では、ＥＵ諸国はアジア、アメリカ、スイスなどの競合国に大きく後れをとっている[※11]。

・世界のテクノロジー企業トップ１００のうち、ＥＵ諸国に拠点を置いているのは12社だけである。アメリカには45社、日本と台湾には13社ある[※12]。

・ＥＵ域内の学校中退者数を10％以下とする目標に対し、ドイツおよび、とくにスペイン、ポルトガル、イタリアにおいてこれを大きく超えている。

・ＥＵの大学は、世界大学ランキングで確固たる地位を築けていない。実際、ブレグジット後は、世界トップ20にＥＵの大学はない。ＥＵ内の最上位はコペンハーゲン大学の26位である[※13]。

・２０１３年までに域内全市民をブロードバンド接続可能とする目標は達成からはほど遠い。この目標は、２０２０年までに30Ｍｂｐｓ（以上）の高速インターネットを、全家庭の50％以上で１００Ｍｂｐｓ以上のインターネット接続を達成するという目標に追加して設定されたものである。

・ＥＵにおける生産性向上は、世界他地域よりもさらに遅れている。２０００年以降、一人当たり実質所得上昇率は、韓国で63％、アメリカで27％、日本ですら17％であるが、ＥＵ主要国の中ではオランダが唯一18％の伸びを維持できている。フランスとスペインは14％、ドイツは13％である。イタリアの一人当たり所得は実質ベースでマイナス３％である[※14]！

以上の実態に注目すると、近年ＥＵは競争力を強めているどころか、失っていることは疑いようがない。そのひとつの指標がＧＤＰの世界シェアの推移であろうが、これは中国とインドを始めとする新興市場が力強く急追しているので、低下して当然である。とは言っても、20％を優に超えていたＥＵの市場シェアが、今日16％近くまで下落している現状は、競争力と経済の力強さを維持できずに、国際舞台でのＥＵの存在感が急速に失われていることを示している。

はっきり言うとこの状況は、さらなる繁栄を創出するという域内市民に対する極めて重要な約束を、ＥＵが果たしていないことを意味する。それどころかＥＵは、まもなく縮小に転じる労働力、高齢化する社会に対する兆単位での社会保障の充実の遅れ、生産性向上と技術革新力の欠如など、存亡にかかわる難題に直面しているのだ[※15]。

そのため、EUは「日本的シナリオ」のEU版に沿って進んでいると見ているエコノミストは相当数いる。実際、日本との類似点が日増しに明らかになりつつある。これまでの指摘に加えて、債務水準が高いこと、銀行システムが病んでいることは明らかなのに、その刷新に消極的であることなども類似点である※16。

投資家や資本市場はすでにこうした環境に適応しつつあるが、日本と比較すると、いくつかの重要な点で違いがある。

・EUは単独国家ではなくさまざまな国の結合体であるが、各国は自国の利害を重視するようになりつつある。
・加盟国の住民は日本ほど均一ではなく、またおそらく日本ほど一体化していない。
・ユーロの存在によって加盟国はひとつの固い枠組みの中に押し込まれ、それが調整を一層困難にさせ、その結果日本的シナリオがさらに進むこととなっている。

さらに、EU域内では高齢化と人口減少化、域外では人口急増という環境下で強まる移民の圧力への対処に戦略的な解を見出せないでいる政治の問題をこれに追加するならば、

ＥＵは存続の危機の瀬戸際にある。

それは、今日にも表面化する恐れがある。コロナウイルスは、すでに脆弱になっていたＥＵを直撃した。ＥＵをどんなに熱烈に支持する人であっても、コロナウイルスのうねりの中でブリュッセルが指導力を示せなかったことは認めざるを得ないからである。危機に一体となって対処するのではなく、加盟各国がそれぞれ個別に対策を洪水のように打ち出していた。ダメージを大きく受けたイタリアを素早く救済するどころか、ＥＵは状況を放置していたようだった。国境を閉鎖し、医療用物資の輸出を制限し、「自分の身は自分で守る」を地で行く政策を打ち出すなど、ＥＵが自ら築いたイメージから逸脱している。これこそが存続の危機である。

ＥＵがより良くなるためには

ＥＵ加盟国の緊密な協調がなぜ必要か、その経済的ロジックは明白である。一体となったから加盟国の国際社会での政治的存在感が大きくなり、そして欧州単一市場は世界最大なのである。単独であっては描けないような繁栄をすべての国が享受できるのだ。

イギリスの離脱がこのロジックに逆行するものであることは明らかである。EUに加盟し続けることには明らかに利点があるにもかかわらず、ブレグジットは起きた。今後もイギリスとの緊密関係を保てる希望があるとしても――イギリスの軍事的重要性と貿易関係の緊密性の故に、このことはとても重要である――ブレグジットが起きたこと自体がEUに対する警鐘である。もしEUが相変わらず、こうした理論上の利点を実現できず、またその利点を公にできないでいるならば、第2、第3のブレグジットを企てる圧力は強まるだろう。離脱後のイギリスが経済的に成功するようなことになれば、ブリュッセルにとっては最大の悪夢のひとつになることは間違いない。

何よりも必要なのは、EUとユーロの改革である。しかし、わたしが見たところ、ヨーロッパのエリートはこうした見方をしておらず、政治的な議論もされていないようである。彼らエリートたちが広く共有している認識は、EUが抱えるあらゆる問題に対処するには一層の統合推進が必要だということである。このような政治論理を持ち出されると、「ハンマーだけしか道具を持っていない人は、どんな問題の中にも釘を見つける」と適切に言い切った哲学者、ポール・ワツラウィックのことが思い起こされる。EU、およびEU重視の政治家にとって、どんな危機でも、それに対する答えはつねに「もっと」――もっと統合を、である。しかし、これは正しい答えではなく、また市民が望んでいることでもない[※17]。したがってEU自体とEUの利点を保持しようと思えば、EUはその方向性を速やかに変えなければならない。EUの利点とはまさに市民のために存在するものなのだ。

EUの諸問題は、金をつぎ込み、集権化を進めれば解決されるものではないということは明らかなので、改革の方向性は次のとおり明確である。

・**経済成長**　EUという名前に相応しい構造改革をおこなうことによって成長を実現すべきである。計画を策定しても達成しない10年をさらに繰り返す余裕はない。

・**富の創造の優先順位付け**　EUの政治的目標を変更すれば、新たな優先順位が策定できる。現在の目標設定は、規制、計画経済（気候政策を見よ）、競争の抑制に集中している。

・**集権化から分権化へ**　ヨーロッパの意思決定を、組織全体ではなく、可能なかぎり各国でおこなう方式とし、国レベルにタスクを持ち帰るプログラムを創出すべきである。

・**ひとつのスーパー国家ではなく、国家連合へ**　中央集権を推し進める考え方を廃し、市民が意思決定の当事者意識を実感できるようにすべきである。

・**加盟国間の競争の促進**　自国の競争力を高めることに価値がなければいけない。過去数世紀、ヨーロッパ各国の激しい競争があったからこそ、この地域の経済が強くなったと考えられる。

・**効果的な移民制限**　対域外国境を守り、自国の経済的利益に適合する入境管理をおこなう。

・**制度の民主化**　ＥＵ議会における一票の重さが構成各国間で差異が大きすぎる。ＥＵ議会の権限強化を認めさせたいならば、この状態の修正はとくに重要である。

目標とすべきは、ＥＵの役割を、欧州単一市場、対域外国境の共同防衛などいくつかのコア機能に絞ることではないだろうか。そのためにはＥＵエリートたちに従来の路線の見直しを求めなければならない。しかしおそらく彼らは既存の路線に固執したあげく失敗し、その結果は自発的に路線見直しした場合よりも、はるかに壊滅的なものとなるであろう。

ユーロという患者への処方は誤っていた

EUを改革するには、まずユーロの誤りを正す必要がある。なぜなら、すでに見たように、ユーロはEUの絆を強めるよりも、それ以上に経済的な——故にいずれは政治的にも——分裂をもたらす可能性が高いからである。ユーロは何年も集中治療下にあり、ECBの低金利資金とそれによる借入れ増加という人工呼吸器につながれて延命治療を施されてきた。しかし担当医師も治療法がわかっておらず、何も処置せずに回復するという奇跡をただ願っているのだ。

ユーロの病床には、医療方針について二通りの学派が控えている。一方は、ユーロがふたたび自立するために唯一必要なのは、再分配によってヨーロッパの「連帯」を確立することだと考えており、もう一方は、かつて100年以上続いた南北イタリア間の通貨同盟の事例を引き合いに、そうした再分配は膨大なコストがかかるだけでなく、問題解決どころかむしろ問題が大きくなると見ている。

もちろんいずれの側も、多少なりとも適切な分析で自説を支援してくれる専門家を見つけるであろう。したがって、医師たちが何年も病床脇で議論しても、何も変わらない。そのあいだにも、加盟国間の競争力水準の違い、経済停滞、赤字増加などの真の病は、悪化する一方である。ドイツが享受してきたかつてない低金利の裏に、こうした真の影響が隠されていたのだ。ドイツの好調な輸出を支えていたのは、低利の資金とそして何よりも弱いユーロだったのである。

ユーロの病床脇の医師のなかには、今回の新たな危機を待ち構えていた者もいた。ヨーロッパ人にとって、危機を利用してEU統合とユーロ圏における責任共同体を促進することは、「成功のための秘訣」とみなされている。ウォルフガング・ショイブレは、ドイツの連邦財務大臣時代に「FAZ（フランクフルター・アルゲマイネ・ツァイトゥング）」紙にゲスト寄稿した記事の中で、平時では政治的に実施できないことでも、危機時には突如受け入れられるようになると述べている[※18]。

コロナウイルスのパンデミックの影響で、新たなユーロ危機がすぐそこまで来ている。

フランスを含むユーロ危機下の国の医師たち（という比喩を続けるが）が希望するのは、体力のある国々からのさらなる「資金移転」である。ただ、ＩＭＦの専門家はそれでは構造的な問題解決には足りないと計算している。

この再分配の手段として、欧州安定メカニズム（ＥＳＭ）を転換・拡大して活用すべきである。ユーロ緊急援助基金であるＥＳＭは「通貨基金（訳注：欧州版ＩＭＦ構想のこと）」にその役割を拡大すべきで、それによって「ユーロはより安定的に」そして「将来の危機に対する防御も強化される」。将来的には、ＥＳＭがＥＵ委員会とともに、各国に対する援助プログラムを決定すべきである。

また、大銀行が破綻するときもＥＳＭが援助すべきである。欧銀の株価を見るだけで、問題がいかに深刻であるかがわかる。ＥＣＢによる健全性審査はとても信用できるとは言えず、また不良債権の数値もあまりにも楽観的であることとは対照的に、株式取引は評価を明確にしてくれる。危機が始まる前、諸銀行株の取引はすでに純資産の50％前後となっており、これは前回のユーロ危機のピーク時と同じくらい低い数字である。このことはＥＳＭへの出資国、とくにドイツにとっては相当なリスクであることを示している。

ところでイタリアは、3月末時点で4100億ユーロ（49兆2000億円）規模のESM融資能力を利用しようとしなかった。「条件付き」だからである（訳注：ESM支援を受けると欧州委員会による財政状況の監視を受ける）。その代わりにイタリアのジュゼッペ・コンテ首相はEUに「Covid19債」の発行とイタリア国債の無条件引き受けを要求した[※19]。

かつては「ユーロ債」と呼ばれたこのような共同債は、ユーロ圏レベルで一国が発行した国債の償還を共同責任化することになるために、過去ドイツやオランダなどに拒否されていた。加盟国の債務水準が大きく異なることを考慮すると、共同債は個々の国の納税者のあいだで、膨大な富の移転が起こり得ることを意味するが、民間家庭の資産状況が各国で大きく異なるので、このような富の移転は批判的に見られる可能性がある。ECBのデータによると、ドイツ家庭の資産の中央値がわずか6万800ユーロ（729万6000円）であるのに対し、イタリア家庭の中央値は14万6200ユーロ（1754万4000円）なのである[※20]。

いずれにせよEUは、今後、適切な再分配策を採用することになる。近年のさまざまな対策と同様、今回の対策もユーロにとって時間稼ぎにはなるであろう。だがそれでは根本問題の解決はできないのだ。（訳注：4月9日、ユーロ圏財務相は5400億ユーロ［64兆8000億円］の経済対策で合意。ESMを使うほか、雇用や中小企業のための安全網が含まれる。さらに5月19日、ドイツが大幅譲歩して、フランスと5000億ユーロ［60兆円］規模の共通債務基金設立で合意するも、その後のEU首脳会議ではオランダ、オーストリア、デンマーク、スウェーデンの4ヵ国が反対。7月中旬に首脳会議を開き、合意をめざす予定）。

団結は当然示さなければならない

EUとユーロ圏内での団結を示さなければならないのは言うまでもない。9章では、高い債務水準を低減させるにはどのように協調すべきかについて述べようと思う。これは、8章で扱う新・金融秩序についての文脈の中で検討が必要な項目である。

私たちはコロナウイルスという厳しい危機を越えた先を見据えて、基礎的な課題対策が必要なユーロ圏の将来について考える必要がある。仮に共同債導入によって再構築したとしても、経済状態がまちまちな国家間での競争力格差や、増大する緊張はなくなることはないであろう。一部、いやおそらくすべての加盟国への並行通貨（訳注：法定通貨［この場合は「ユーロ」］のほかに、特定の目的・地域のために並行して流通させる通貨）の導入も検討するべきである。ユーロが存続する一方で並行通貨を導入することは、国家間の経済パフォーマンスのばらつきを調整する柔軟性をふたたび取り戻す絶妙な方法となり得るのである。やがて、国別通貨が優勢となるであろう。

グローバルレベルで米ドルに対抗できる単一通貨を創出するというヨーロピアン・ドリームは失敗した。今日のユーロの準備通貨シェアは、廃止前のドイツマルク単独でのシェアと同じである。今日のグローバル資本市場においては、単一通貨であること自体の実質的な利点は限定的である。企業にとっては通貨変動に対するヘッジは容易であり、またコストがそれほどかかることでもないのである。

ユーロ圏は事実上分解状態にあり、それに代わり得るものは、経済の特質に類似性がある国家同士による小型の通貨同盟ではないだろうか。たとえば、ドイツ、オランダ、オーストリアによる同盟、イタリア、スペイン、ポルトガルの同盟などが考えられる。フランス経済は、この両グループのどこか中間に落ち着くと考えられる。

以前どおりを継続するという選択肢はない

コロナウイルス危機は、EUとユーロの欠陥をさらけ出した。深刻な局面が過ぎたあとでも、以前同様のビジネスには戻れないのだということが明らかになった。EUとユーロにとって、EUの構造改革とユーロの再編を含む真の再スタートが必要となる。ユーロ再編については、次章で扱う大詰めの通貨政策との関連で見る必要がある。ウイルス危機によって、予防的衛生策の限界が露わにされただけでなく、基礎的で困難な、かつ意見の分かれる経済課題を、私たちがここ何年も解決できないでいることも白日の下にさらされた。もはや問題を先送りにしている余裕はない。ヨーロッパ人が現実に向き合わなければならない時が来たのである。

第 6 章　ユーロ圏という危機的患者

[参考文献]

1 「tagesschau.de(ターゲスシャウ・ドット・ディーイー)」"Germein für Italien", 23. March 2020
https://www.tagesschau.de/ausland/corona-hilfen-italien-101.html
2 「Welt(ヴェルト)」"EZB halt im Kampf gegen das Virus eine neue Bazooka raus"19. March 2020
https://www.welt.de/wirtschaft/article206646325/Corona-Krise-EZB-kuendigt-Anleihekaufprogramm-fuer-750-Milliarden-an.html
3 Governo Italiano(イタリア政府) "Sondaggio Politicale Elettorali"
http://sondaggipoliticoelettorali.it/GestioneSondaggio.aspx
4 Governo Italiano(イタリア政府) "Sondaggio Politicale Elettorali"
http://sondaggipoliticoelettorali.it/GestioneDomande.aspx
5 IMF(国際通貨基金) "Economic Convergence in the Euro Area: Coming Together or Drifting Apart?"23 January 2018
https://www.imf.org/en/Publications/WP/Issues/2018/01/23/Economic-Convergence-in-the-Euro-Area-Coming-Together-or-Drifting-Apart-45575
6 Flossbach von Storch RESERCH INSTITUTE(フロスバッハ・フォン・シュトルヒ研究所)、"Die lateinische Munzünion—ein Oräzedenzfall für den Euro"16. May 201
https://www.flossbachvonstorch-researchinstitute.com/fileadmin/user_upload/RI/Studien/files/studie-190516-die-lateinische-muenzunion.pdf
7 Deutsche Bank(ドイツ銀行)、"Understanding Euro-Zone break-up—how much would the euro drop"9 March 2017
https://think-beyondtheobvious.com/wp-content/uploads/2017/03/DB-Understanding-Eurozone-break-up-09.03.17/pdf
8 IMF(国際通貨基金) "Toward a Fiscal Union for the Euro Area"25 September 2013
https://www.imf.org/en/Publications/Staff-Discussion-Notes/Issues/2016/12/31/Toward-A-Fiscal-Union-for-the-Euro-Area-40784
9 欧州委員会"EUROPA 2020—Eine Strategie fürintelligentes, nachhaltiges und integratives Wachstum" 3. March 2010
https://ec.europa.eu/eu2020/pdf/COMPLET%20%20DE%20SG-2010-80021-06-00-DE-TRA-00.pdf
10 Eurostat,"Leichter Anstieg der FuE-Ausgaben in der EU im Jahr 2017 auf 2,07 % des BIP"2019年1月10日。
https://ec.europa.eu/eurostat/documents/2995521/9483602/9-10012019-AP-DE.pdf/054a5cb0-ac62-4ca4-a336-640da396b817
11 WIPO、"World Intellectual Property Indicators 2019"
https://www.wipo.int/edocs/pubdocs/en/wipo_pub_941_2019.pdf
12 Thomson Reuters"The Top 100 Global Technology Leaders"
https://www.thomsonreuters.com/content/dam/ewp-m/documents/thomsonreuters/en/pdf/reports/thomson-reuters-top-100-global-tech-leaders-report.pdf
13 Shanghai Ranking"Academic Ranking of World Universities 2019"
http://www.shanghairanking.com/ARWU2019.html
14 世界銀行データによる。計算についてはbeyond the obvious参照のこと。"10 Jahre lissabon-Vertrag—Wie ist die wirtschaftliche Lage der EU heute? Fakten zum Nachlesen" 1. December 2019
https://think-beyondtheobvious.com/10-jahre-lissabon-vertrag-wie-ist-die-wirtschaftliche-lage-der-eu-heute-fakten-zum-nachlesen/
15 欧州委員会"First Sustainability Report 2018" January 2019
https://ec.europa.eu/info/sites/info/files/economy-finance/ip094_en_vol_1.pdf
16 beyond the obvious"Folgt Europa Japan in das deflationäre Szenario(I)?" 6. May 2019
https://think-beyondtheobvious.com/stelters-lektuere/folgt-europa-japan-in-das-deflationaere-szenario-i
17 少なくともこれは調査結果から明らかな結論である。ドイツ人の76%がEUに加盟していることで利点があると見ているのに対し、同じように感じているフランス人は50%余り、イタリア人は36%にすぎない。このことは、EUが難題に直面していることを考慮すると、期待されてはいるが、支持はそれほど高くないことを意味している。
欧州議会"Spring Eurobarometer 2019"P.16
https://www.europarl.europa.eu/at-your-service/files/be-heard/eurobarometer/2019/closer-to-the-citizens-closer-to-the-ballot/report/en-eurobarometer-2019.pdf
18 「F.A.Z. NET(ファズネット)」"Von der Krise zur Chance" 24. March 2017
https://www.faz.net/aktuell/politik/die-gegenwart/zerfaellt-europa-25-von-der-krise-zur-chance-14932745.html
19 「F.A.Z. NET(ファズネット)」"Die EU arbeitet an einer 'Euro-Bazooka'" 19. March 2020
https://zeitung.faz.net/faz/wirtschaft/2020-03-19/5b881ec702e39c1446342d0778cae520/?GEPC=s5
20 これは最新のデータでも示されている。「クレディ・スイス」"Global Wealth Report 2019"S.23
https://www.credit-suisse.com/ch/en/about-us/research-institute.html

第7章

誰が負担するのか？

私たちが第二次世界大戦以降最大の財政課題に直面していることは明らかである。各国で発生している財政費用と比較できるものがあるとするならば、それは戦時財政のみであるとエコノミストたちは言う。今回はお互いに戦争をしているわけではないのは幸いである。闘っている共通の敵はコロナウイルスである。

関連する費用の総計は巨額にのぼり、今なお日々増加している。2020年3月末時点の状況は次のとおりである[※1]。

・ドイツのGDP損失は、約7000億ユーロ[※2]（84兆円）になると推定されている。しかし、最終的な国家財政の実負担額はさらに大きくなる可能性があり、現時点では1兆5000億ユーロ（180兆円）にのぼると推定されている[※3]。

・フランスは、コロナウイルスのパンデミックの影響を受けた企業と従業員に対し、無制限の予算措置をとると公約した。フランス政府は、企業や従業員の銀行借入れに対し、総額で最大1兆ユーロ（120兆円）の債務保証を実施している。そのほかにも国の株式保有による企業救済、企業税と社会保険料納付の延期などをおこなっている。

・イタリアは、最大250億ユーロ（3兆円）の緊急援助基金を設立し、医療制度と市民保護局（訳注：非常事態の予測・防止・管理を担当する国家機関）に対する支援、自営業者一人当たり500ユーロ（6万円）の一時金、休業中従業員に対する給与を支払う企業への政府支援、ロックダウン中も働いている市民への現金ボーナス支給などに充てている。危機で打撃を受けた企業への政府による債務保証も含まれる。

・スペインは、とくに中小企業の事業継続資金借入れのために1000億ユーロ（12兆円）の国家による債務保証をおこなうことを発表した。政府保証によって融資される民間資金も含め、援助総額は2000億ユーロ（24兆円）になると見られる。サンチェス首相は、危機で収入が打撃を受けた人に対して、住宅ローン支払いの猶予や、公共料金支払いについても類似の猶予を発表した。社会保険のなかにも支払いが一時停止されるものがあり、さらに社会的弱者、および福祉に頼って生活している人々を援助するために6億ユーロ（720億円）が用意される見込みである。

・イギリスでは支出総額に「制限はない」。休業中労働者に対する給与支払いを継続している企業の場合、賃金総額の80％までの人件費が補償される。さらに、影響を受けた産業部門についてはその全企業に対して、政府保証と1年間の固定資産税免除が一括無制限で提供されている。小規模企業への補助金としては、直近の平均利益の80％

（個人経営の場合は２５００ポンド〔32万５０００円〕を上限とする）の毎月補助などがある。

・アメリカは2兆ドル（２２０兆円）の経済刺激策を設定した。この中には大人一人当たり１２００ドル（13万２０００円）、子ども一人当たり５００ドル（５万５０００円）の現金給付、小規模事業者に対する３６７０億ドル（40兆３７００億円）相当の融資枠（これは今後6ヵ月、雇用の大半を維持できる場合には返済不要となる）などが含まれる。さらに大企業、中規模企業の危機継続中の資金需要には４５４０億ドル（49兆９４００億円）を用意し、融資枠設定、政府保証、社債購入などの援助を提供する。コロナウイルスの経済的影響への対応として、全体としてアメリカ政府だけでＧＤＰの少なくとも10％を使うものと思われる。

ＩＭＦは、世界恐慌以降で最悪の経済危機となるリスクがあり、ＧＤＰは、日本のマイナス5％からイタリアのマイナス10％近くまでの範囲の大幅減少となると予測している。アメリカ、イギリス、フランス、ドイツはマイナス6～8％の範囲内になるという予測である。したがって、財政負担は今後長期にわたってさらに増えるであろうことは間違いない。

ここで問題である。これをいったい誰が負担するのか？

経済好調時に留保しておく……

家庭や企業のように、政府も好景気時に将来の困難に備えていると、普通には考えられるであろう。黒字財政で債務削減を進めることまでは必要ではないが、債務増加率を名目GDP成長率以下に抑え、債務／GDP率を低下させることには合理性がある。これは過去にはめったに実現していないが、いわゆる「ブラック・ゼロ」政策（訳注：財政均衡政策）をもつドイツは例外で、これによってドイツ政府はここ数年連続して財政黒字を達成している。このことと、（比較的）健全な経済パフォーマンスのおかげで、債務／GDP率は90％台から近年では70％以下にまで低下している。

少し注釈すると、「ブラック・ゼロ」に達している状態は、ドイツの政治の功績ではない。真の理由は、これまで低金利で債務返済できていることである。ブンデスバンクは、2008年から2019年末までにドイツ国家が節約できた利払い額は、4360億ユーロ（52兆3200億円）と計算している[※4]。債務返済に用いられているのは、こうして得られた留保のごく一部分である。政府はおもに社会保障や一般行政サービスの支出を増やす一方、投資支出をカットしている。

それでもドイツは、危機に広範に対応するための財政力をもっている。ほかの西側諸国においては、危機以前であってさえ、状況はまったく異なっていた。

コロナ前からすでに公債水準は高かった

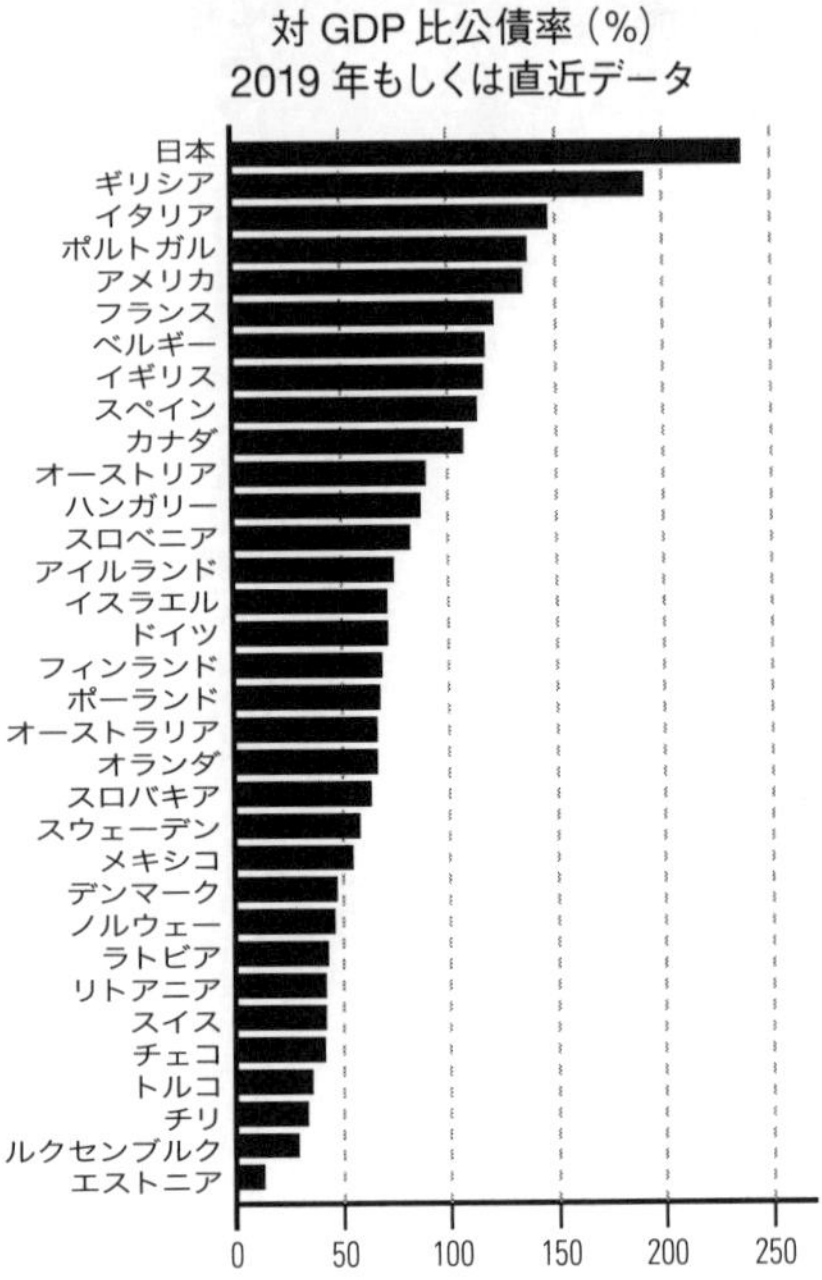

出典：OECD　https://data.oecd.org/gga/general-government-debt.htm

オランダと並んで、ドイツは主要国のなかでは、比較的公債残高が低い数少ない国のひとつである。ほとんどすべての国において、近年公債残高は増加を続けており、それを懸念する主張も多い。

日本は長いこと、債務残高も財政赤字も高いままである。アメリカはトランプ政権下の2019年、GDPの5％程度の連邦財政赤字を報告したが、一方で経済だけは3％程度成長した。このことは1章で指摘したように、世界はいまだ、金融危機からの回復が極めて弱々しい状態の中にいるということを明白に示している。

さらに、高齢化していく社会を支えるための財源確保の目途が立っていない公約を含んだ実際の債務が、著しく高いのはドイツだけではない。EU委員会は、全加盟国の財政において事実上大きな赤字があると試算している。高齢化に備えるためのこの試算において、ドイツはGDPの3・6％を、EU平均では2・8％を追加で確保していなければならなかったことになる[※5]。

このことは、コロナショックに関係なく、多くの国において財政が維持できなくなっていたことを示している。何十年もの間、西側世界の政治家は財源確保の目途が立っていない公約をしてしまっていたのである。

ここで問題である。その金はどこから来るのか？　理論的に、あまりに債務が大きい場合、4つの方法がある。

――高い経済成長
――倹約して返済
――富裕税
――インフレ

それぞれのオプションを見ていこう。

成長することが解ではない

理想的な解決策は、経済を成長させて問題から抜け出すことであろう。しかし、経済学者カーメン・M・ラインハートとケネス・S・ロゴフが政府債務についての研究で指摘しているように、「債務から抜け出せるような『成長』をしている国はほとんどない」※6。

両氏の分析によると、債務残高がGDP比90％以上になると、実質経済成長率が1％ポイント低下する。西側世界のほとんどの国は90％以上である。この問題を増幅させているのが、差し迫る人口動態の変化である。労働人口の増加と生産性向上とが結びついて経済は成長するというのは自明のことであるが、ヨーロッパでは労働人口はすでに縮小に転じており、一方アメリカでも労働人口増加率は以前よりも低下している。この事実と、生産性向上が先進国の多くで近年低迷している事実を合わせると、今後10年間で、相当規模の実質経済成長が達成される蓋然性は低い。

ほかのすべての条件が同じならば、債務から抜け出す成長をするためには、負債の実質金利以上の実質経済成長率を達成することが必要である。GDPが（金利が決定する）債務よりも速く成長すれば、そして追加債務が発生しなければ、対GDP比債務は低下する。しかし、この10年間、多くの経済先進国では、低金利であるにもかかわらず、この公式が成立しておらず、赤字削減ができていない。すなわち、債務／GDP率は上昇し続けている。GDPの伸びが低い環境にあって国債残高の伸びを止めるためには、政府は「基礎的」財政収支を黒字にする必要がある。

すなわち公的支出（利払いを除く）以上に税収を増やさなければならない。不幸なことに、ほとんどの国において、債務／GDP率はすでに高くなりすぎており、またGDPの伸び率が低すぎるので、こうした財政策が現実的な選択肢にはなり得ないのである。ましてコロナショックのあとでは、これは絶対不可能である。むしろ、債務水準は一層高くなり、低成長が構造化するであろう。

緊縮財政には普遍的な有効性はない

債務残高を減らすもうひとつの選択肢は緊縮財政、すなわち、毎月の財政赤字と債務残高が低下するところまで、政府支出を減らすことである。

しかし、緊縮財政の問題点は、それ自体が経済成長への最大のネガティブインパクトとなり、その結果GDPの伸び率が低下し、債務負担が相対的に大きくなることである。たとえば、イタリアの事例であるが、何年も基礎的財政黒字を続けていたのにもかかわらず、経済成長が緩慢で、債務／GDP水準はかえって高くなったのである。

債務／GDP水準の低下を実現できているドイツは、好調な輸出に支えられて比較的順調な経済成長の恩恵を受け、すでに危機後には財政均衡政策へ回帰する計画を始めている。ペーター・アルトマイヤー経済相はあるインタビューのなかで、危機後には財政均衡政策に回帰する意向を繰り返し主張した※7。

これはとんでもない誤りである。国税や関税が上がる一方で、同時に企業が危機の期間中に積み上がった債務を返済するために、資金の蓄積を進めるリスクがある。さらに、国家が緊急性のある投資支出を、過去15年以上にわたる支出水準まで相対的に削減する恐れがある。この政策は低成長と再分配論争へとつながり、何よりも企業が国内よりもむしろ海外投資を考える誘因となる。

これは今後数年間の成長を低下させるだけではない。成長を鈍らせることなく国内緊縮戦略の成功を達成する唯一の可能性は、経済を輸出に依存させることである。これはまさにドイツが過去実施して、現在も繰り返そうとしていることであるが、この戦略はすべての国で同時に機能するものではない。火星を新たな市場とでもしなければ、すべての国が貿易黒字を達成することなどあり得ない。ドイツにとってもこの政策はふたたび機能することはないのである。

その仕組みを説明するために、ドイツのデータを見てみよう。ある国家の各部門（企業部門、民生家庭部門、政府部門）における蓄積資金の総計はつねにゼロになるはずである。たとえば、もし民生家庭部門が貯蓄をしていれば、その金額分だけ企業部門および／または政府部門は借金をしているはずである。実際、国内で蓄積資金が多すぎ、投資が少なすぎれば、債務を抱えるのはもうひとつの部門――海外部門となる。しかしそのときも、全4部門の貯蓄総額はゼロとなる※8。左図は過去数年のドイツのデータを示している。

図からは何年も、企業部門、民生家庭部門、政府部門が部門内に資金を蓄積していることがわかる。その結果、ドイツはGDPのおよそ8％にのぼる高い輸出黒字を生み出した。すなわち「世界輸出チャンピオン」の称号とは、最大の資本輸出国という役割を伴っているのである。ドイツは国内での蓄積資金を海外に投資したが、それはさほど成功しなかった※9。

今回の経済ショックの後、世界のほかの諸国（ユーロ圏も含め！）が、ドイツのこの貿

経済各部門の財務バランス

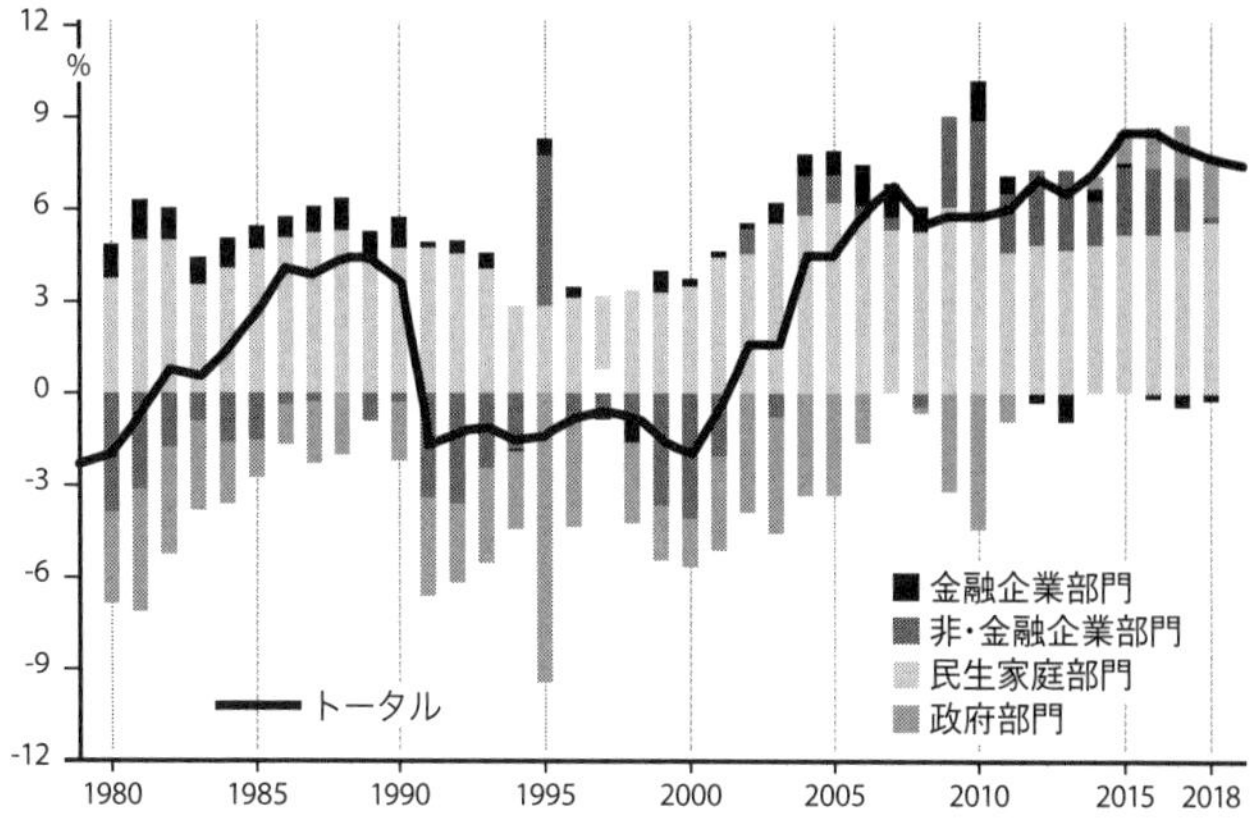

出典：ドイツ経済専門家評議会　国家生産性レポート　2019（www.sachverstaendigenrat-wirtschaft.de/fileadmin/dateiablage/gutachten/jg201920/2019_Nationaler_Produktivitaetsbericht.pdf）

易黒字水準を容認してくれるかどうかは、極めて疑わしい。コロナウイルス危機前であってさえも、GDP比8％を超える貿易黒字は厳しく批判されていた。アメリカが対抗措置を取る恐れがあったのである。

このことは、ドイツが国内支出に重点をシフトする必要があることを意味している。そのためには、民生家庭部門による消費、あるいは／および企業・政府部門による投資が必要である。現今の環境では、緊縮財政へ回帰する政策は機能しようがない。

そしてこれはすべての国に当てはまる。

ポストコロナでは、どの国の政府でも資金蓄積を進めるほど、そうした緊縮策がGDPの縮小をもたらし、債務／GDP比が上昇するのである——政府支出の減少にもかかわらず。

富裕税は現実的な選択肢なのか？

債務を縮小するために、民生部門の既存の富に課税する必要があるという政治的結論に達することも十分にあり得る。民間資産への課税を問題解決のためのもっともフェアな方法であると考える政治家も多いだろう。既存の資産に課税することで明らかになるであろう事実がひとつある。そうした資産は所有者が思っている以上に価値があり、政府が債務縮小というその責務を果たせないことはないであろう。

実際、民間の富の額は膨大である。クレディ・スイスが発表した最新の数字によると、イタリアの民間の富は対GDP比5・5倍で、スイスさえも上回っている。それに僅差で続くのがスペインの5・3倍である。同じ計算で、ドイツは3・8倍とずっと下のほうで、

富／GDP比率

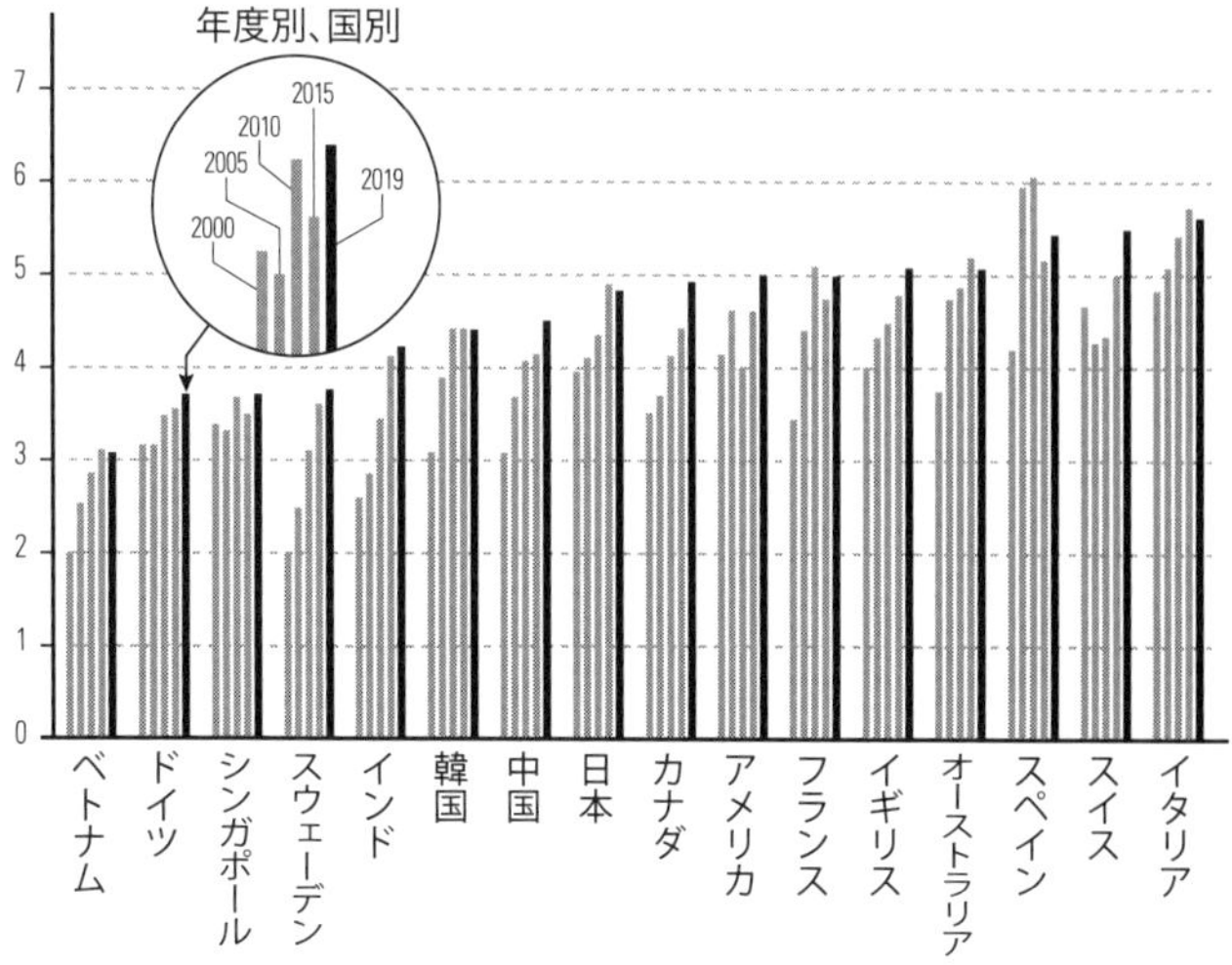

出典：ジェームス・デイビース（James Davies）、ロドリゴ・ルベラス（Rodrigo Lluberas）、アンソニー・ショーロックス（Anthony Shorrocks）、Global Wealth Databook 2019

イギリス、フランス、アメリカ、日本などの諸国よりも小さい[※10]。

ここから簡単な計算ができる。コロナウイルス危機によるロスを考慮しても、すべての国にある民間の富は、政府債務を大きく上回っている。イタリアを例に取れば、1回限り、20%富裕税を課せば、国の債務／GDP比を100%ポイント下げることになるだろう。それでもイタリアの民生家庭部門は、ドイツのそれよりも裕福でいられるのである。すなわち、フランスの経済学者トマ・ピケティが言っているように、国の債務の問題よりも、民間と公共部門とのあいだでの富の再分配のほうが、大きな問題であることを意味している[※11]。

ほとんどの国では、20～30％の資産価値低減をすれば国の債務を持続可能な水準まで引き下げるコストを十分にカバーできる。その負担を社会的に受容可能なものとするためには、政治家は課税対象の下限を見誤るわけにはいかない。

富裕税は、それほどおかしなアイデアではない。ＩＭＦも２０１３年のユーロ圏債務危機への対策として、富裕税を提案したことがあるのだ[※12]。フランスのシンクタンク、フランス・ストラテジー（France Stratégie）も論文の中で、国の債務負担に対処するためにすべての資産への特別税という同様の提案をしている[※13]。

ドイツではこうした政策には一定の伝統がある。１９２０年代のハイパーインフレ後と、戦後の１９４９年の2回、財政上の負担をより公平にするために、1回限りの富裕税が施行された。現在、コロナウイルス危機によって生じるドイツ債務に対処するために、1回限りの20％もしくはそれ以上の富裕税実施の声が、すでに政治家から上がっている。コロナ後のドイツの債務水準が、ユーロ圏のほか諸国よりもはるかに低いであろうと思われるにもかかわらず、である。

この規模での富裕税施行を検討する動きは、ヨーロッパのほかの国では見られない。このことでわたしは、金融危機が頂点にあった時期のある経験を思い出す。当時、ボストン・コンサルティング・グループ（BCG）のパートナーだったわたしは、ヨーロッパ中のシニアマネジャーたちと会い、ユーロ危機への対処の方法を議論した。ヨーロッパのために負担を分担しようというスキームで債務返済基金を設立し、その基金から返済するというアイデアを出したところ、イタリアのある大企業のCFOは、笑いながら言った。

「プロビンスが支払っているのに、我々がそれをしなければならない理由があるのか」

プロビンスとはイタリア以外のヨーロッパ諸国のことである（訳注：プロビンスの語源は、古代ローマの属州）。あるフランスの大企業から参加していた人は、頭を振ってこう言っただけだった。「いつものとおり、インフレで解決することになるだろう」。

つまり、こういうことだ。富裕税は、国によってはポピュラーな政策ではあるが、概して政治家はこの方向へは乗り気ではない。そのおもな理由は、十分な税収増を確保するためには、課税基準を比較的低く設定しなければならず、そうすると影響する市民の範囲が広がると考えるからである。したがって、富裕税は国の債務問題解決の本筋とはならないとわたしは考えている。

インフレで「解決する」

しかし、債務額を減らすにはもうひとつ方法がある。インフレで吹き飛ばすのである。インフレが想定以上になると、国の債務負担が減るだけでなく、企業や消費者の債務減が期待される。そのためこの案は、政策決定者にとって抗いがたい魅力的な選択肢である。

現在のGDPギャップ（需給ギャップ）、過剰生産能力、低迷する賃金の伸び、という経済環境下ではインフレが起こる見込みが低いのは事実である。むしろ、デフレになることを懸念している経済学者は多い（訳注：EU統計局による2020年5月のユーロ圏消費者物価指数［速報値］の上昇率は0・1％まで低下。すでにスペイン、イタリアなどは物価下落に転じている）。

しかし、わたしは、「インフレはいつでもどこでも、通貨の現象である。なぜならインフレは、生産高よりも通貨供給量のほうを急速に増加させれば起こり、また起こり得るからである」と言うミルトン・フリードマンの考え方に賛同する。管理してインフレを達成するのは難しいかもしれない。なぜなら、インフレは一旦始まるとコントロールが難しく、ケチャップのびんを振ってから出す量を調整するようなものだから。

第二次世界大戦後、アメリカやイギリスが採用したアプローチで、「金融抑圧（financial repression）」と呼ばれるもう少し「軽量級」のインフレ誘導策もある※14。投資家に対し、（リスクフリー資産である）低利回りの国債への投資を法律で強制したのである。名目経済成長率のほうが国債利回りよりも高いので、債務／GDP比は大きく下がった。その低下率は、年平均GDPが3～4％増加するのと同等であった。

過去10年間、超低金利にもかかわらず、事実上すべての西側先進国は、成長が金利以下になるギャップに苦しんできた。

しかし、金融抑圧はどうしたら達成できるのだろうか？

・低金利：すべての西側諸国の中央銀行は、2008年の金融危機以降積極的に金利を下げ、その結果金利は記録的低水準となった。名目金利をさらに下げる余地はほとんどない。

・**高い経済成長**：最善の解決策はより高い実質経済成長を実現することであろう。しかし不幸にも、すでに見たように、期待できるような経験的実証はほとんどない。

・**高いインフレ**：金融抑圧に成功するには目に見えるインフレが必要であることが明らかになっている。金利と成長のギャップが大きいほど、金融抑圧は早く達成される。少し計算をしてみよう。ある国が利払いに加えて2％の新規借入れをおこない、名目金利は3％、実質経済成長は1％と仮定しよう。5％の金融抑圧を達成するためには、9％のインフレ率が必要となる。

・**資本管理／政府介入**：これは、既存の債務負担を削減するためには伝統的な手法以上のことが必要となることである。政府が国境を越える資本の移動を禁じたり、企業が貯め込んだ資金を投資に向けさせる厳格なコントロールを実施したりするなど、金融市場に政府がかなりの介入をする場合のみ可能である。

過去10年間、中央銀行が進めてきた政策は、これまでのところ政策決定者が期待するようなインフレを達成できていない。債務が過剰にあり、新たな信用供与は既存資産購入や1章2章で見たような投機に用いられる世界では、インフレを生み出すことは非常に困難と思われる。

一方、コロナウイルスは、中央銀行や政府にさらに極端な手段を取らせるほど大きな衝撃であったということになるかもしれない。そしてその結果、今後インフレを再来させることになるかもしれない。その極端な手段が何か、次章で深く探ってみよう。

簡単な脱出策はない

政府の巨額な債務の重荷に対処できるラクな方法などないのは明らかである。したがって私たちは債務を蓄積し続けるだけなのかもしれない。日本はもう何年もGDPの200％以上の債務を抱えている。その赤字は大部分、今や日本の最大の債権者となった日銀が買い支えている。ヨーロッパもまた日本のシナリオを辿るであろう。好むと好まざるとにかかわらず、コロノミクスはやってくるのだ。

[参考文献]

1 「フィナンシャル・タイムズ」誌"How major economies are trying to mitigate the coronavirus shock" 30 March 2020
https://www.ft.com/content/26af5520-6793-11ea-800d-da70cff6e4d3

2 IfO経済研究所"Corona wird Deutschland Hunderte von Milliarden Euro kosten" 23. March 2020
https://www.ifo.de/node/53961

3 「F.A.Z. NET(ファズネット)」"Staat drohen Kosten bis zu 1,5 Billionen Euro durch die Corona-Krise" 22. March 2020
https://www.faz.net/aktuell/wirtschaft/folkerts-landau-staat-drohen-hohe-kosten-durch-corona-krise-16690939.html

4 「Manager Magazin」誌"Deutscher Staat spart dank Minizinsen Euro" 20. January 2020
https://www.manager-magazin.de/politik/artikel/minizinsen-deutscher-staat-sparte-bis-jetzt-400-milliarden-euro-a-1304215.html

5 欧州委員会"Fiscal Sustainability Report 2018"
https://ec.europa.eu/info/sites/info/files/economy-finance/ip094_en_vol_1.pdf

6 「American Economic Review: Papers & Proceeding」"Growth in a Time of Debt" May 2010.
発表後にこの分析に用いられたデータについての批判が起こった。しかし誤りを排除した後であっても、高債務は経済成長率にネガティブなインパクトを与えるという全体としての論文の結論は変えていない。

7 「Forexlive」"Germanys Altmaier: We will return to austerity policy once coronavirus crisis is over" 24. März 2020
https://www.forexlive.com/news/!/germanys-altmaier-we-will-return-to-austerity-policy-once-coronavirus-crisis-is-over-20200324

8 留保と貿易黒字の関係については、以下でも確認できる。「beyond the obvious」"Deutscheland wirtschaftet wie die Eichhörnchen" 14. September 2016
https://think-beyondtheobvious.com/stelter-in-den-medien/deutschland-wirtschaftet-wie-die-eichhoernchen/

9 アメリカ経済政策研究センター (CEPR) "Exportweltmeister — The Low Returns on Germanys Capital Exports" 18 July 2019
https://cepr.org/content/free-dp-download-18-july-2019-exportweltmeister-low-returns-germany's-capital-exports

10 クレディ・スイス"Global Wealth Report 2019" 21 October 2019
https://www.credit-suisse.com/about-us-news/de/articles/media-releases/global-wealth-report-2019--global-wealth-rises-by-2-6--driven-by-201910.html

11 Thomas Piketty, "*Capital in the Twenty-First Century*"Cambridge/London 『21世紀の資本』トマ・ピケティ著、山形浩生、守岡桜、森本正史訳、みすず書房、2014年

12 国際通貨基金 (IMF) "Fiscal Monitor, Taxing Times" October 2013
https://www.imf.org/en/Publications/FM/Issues/2016/12/31/Taxing-Times

13 「Handelsbratt(ハンデルスブラット)」紙"Enteignung fürden Schuldenabbau" 11. Oktober 2017
http://www.handelsblatt.com/politik/international/denkfabrik-der-franzoesischen-regierung-so-verteidigtder-thinktank-seine-ideen/20442186-2.html

14 カーメン・M・ラインハート、M・ベレン・スブランシア"The Liquidation of Government Debt"全米経済研究所 (NBER:National Bureau of Economic Reserch) Working Paper 16893
www.imf.org/external/np/seminars/eng/2011/res2/pdf/crbs.pdf

第8章

金融政策の終局

世界中の国々が莫大なコスト負担に直面しているのは周知のとおりだ。これまでに、何十億ドルもの景気刺激策がいくつも打ち出されている。EU加盟諸国は1兆ユーロ（120兆円）を超えるプログラムを発表し、米国では議会が2兆米ドル（220兆円）の救済策に加え、FRBに4兆米ドル（440兆円）の資金供給能力が生まれる法改正を承認している。これだけではすまないはずだ。米国では、ほかの国々同様、さらなる政策が出てきそうだ。これが、世界史上最悪の経済的打撃と闘う代償だ。

各国の中央銀行も、それぞれの役割を果たしている。コロナウイルス出現の数ヵ月前に表明していた懸念とは矛盾するが、市場をふたたび流動性で溢れさせ、それによってすでに巨大化している金融政策手段に拡大の余地があることを示している。資本市場が満足せず、さらなる刺激策を求めると、中央銀行によるさらなる流動性支援や財政支出の増額などが追加された。

ここで、財源はあるのだろうかという疑問が出てくる。第1章で、私たちはコロナウイルスの出現前、借金まみれの世界経済の中にいたことをお話しした。ここ数十年、年を追うごとに、この借金がもたらす影響に対処せざるをえなくなることがより頻繁になった。危機のあとにバブル、そして、バブルのあとに危機という具合だ。この路線は持続可能なのだろうか？　それとも、コロナウイルス危機の到来で、借金積み増し路線の終着点が突如現れたということなのだろうか？

借金生活

非常に高い水準にあるのは政府債務だけでなく、企業や一般世帯の負債についても同様だ。そこでも高い債務水準が見られ、新たな債務の経済成長へのインパクトは減少傾向にある。新たな借金1ドル（110円）当たりのGDPの増加に対する影響は、世界中で減少している。

コロナウイルスのような外生的なショックとはまったく別個に、我々は重大な問題に直面している。増え続ける債務、将来の年金と医療の給付に関する財源のない約束、低い成長率、そして、不十分な生産性の向上が相まって、明らかに持続不可能な状況が生じている。世界銀行、国際通貨基金、OECDなどの国際機関は、軌道修正を求める要請を年々強めてきた。ただし、債務積み増し政策との決別は提案していない。それどころか、彼らが模索していたのは、需要を喚起し、債務を増やすことなく新たな資金を経済に注入する方法だった。要するに、中央銀行による国への融資が、現実的な選択肢になったということだ。

負債のインパクトは右肩下がり

新規債務US1ドル（110円）当たりのGDPの変化

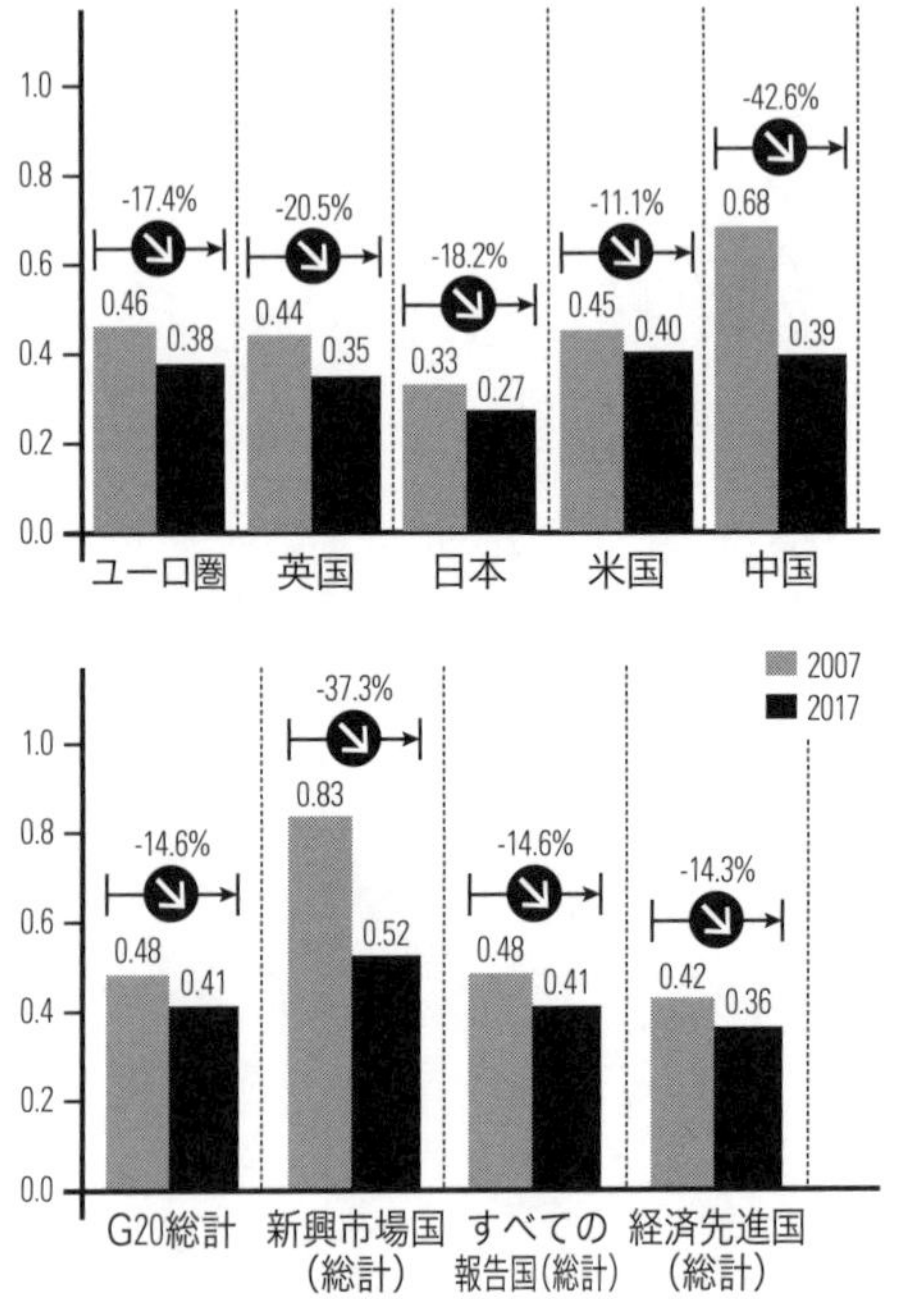

情報源：Hoisington, https://hoisingtonmgt.com/pdf/HIM2018Q2NP.pdf

参考になる日本の国情

以上のような考察は、西洋諸国全体が「日本シナリオ」へと向かうことへの懸念に基づくものだ。それは、長期にわたる低成長、物価の下落（デフレ）、そして、相対的な経済衰退を意味している。

事実、とくにユーロ圏は、コロナショック以前から独自の「日本シナリオ」への道を歩んでいた。ドイツ銀行はある研究で、１９８０年代後半のバブル崩壊以降の日本での経済動向と、ユーロ危機が発生してからのユーロ圏での経済動向との類似点についてまとめている[※1]。結論は以下のとおりだ。

・金利の動向はほぼ同じである。どちらのケースでも、危機の始まりとともに実質金利が大幅に低下し、その後も低水準に留まっている。
・人口は危機が始まる前にピークに達し、その後、減少し始めている。高齢化による労働力の低下がとくに顕著だ。ドイツと日本では同じような低下を見せているので、その対比はとくに目を引く。

・年金受給者数の増加傾向も瓜二つである。1990年以降の日本と同じように、ドイツでも年金受給者の数が大幅に増加し、その一方で労働人口は縮小している。

・日本と同様に、欧州もバブル崩壊後、銀行システムの資本増強を避けてきた。いずこも同じで、時とともに銀行は復活するだろうという希望的観測があったからだ。会計規則が緩和され、新たなシステムが推進された結果、実際には破産状態にあった銀行や企業をも延命させてしまった。こうした「ゾンビ」企業は、低金利のおかげで存続しているだけだ。投資にも革新にも縁がない企業なので、経済成長率がさらに悪化することになる[※2]。だから、コロナ危機の初期段階で、格付け機関が欧州の銀行のさらなる格下げに踏み切ろうとしていたというのも無理のない話だ[※3]。

・1989年のショック後の日本と同様に、欧州経済も金融・ユーロ危機のショックからいまだに立ち直れていない。経済成長は危機前のトレンドを大幅に下回っている。

・分析によると、イタリアはとくに日本とよく似ていて、過去数十年来の危機から回復できていない。

日本は近年、労働者一人当たりのGDPを大幅に押し上げてみせた。これによって、労働者人口の減少による影響の大部分を吸収したことになる。一方、欧州では生産性の伸びは著しく鈍化し、近年では減少に転じた国も多い。つまり、欧州は、日本よりもずっと深刻な状況に置かれているということだ。

窮地に追い込まれた中央銀行

第2章では、金融市場の動向にまつわる各国中央銀行の残念な役割についてお話しした。もう少し詳しく見てみよう。

1980年代以降、世界の金利は低下し続けている。金融市場や経済に混乱が生じるたびに、西洋諸国の中央銀行は迅速に動いてきた。金利が引き下げられ、市場に流動性が注入された。ただ、その後、金利が元の水準にまで引き上げられることはなかった。かくして、金利は数十年にわたって低下の一途をたどった。欧州では、ユーロの導入がこれを後押しした。通貨統合の初期には、とくにドイツが当時不況にあえいでいたことを理由に、

ＥＣＢが金利を低く抑えすぎたからだ。これが、今日危機にある国々における借金と不動産ブームに火をつけることとなった。

システムが抱える負債が多いほど将来の危機に対する脆弱性が高まるため、どのような危機が来てもその怖さが増す。結果、中央銀行は介入の動きを強めざるをえなくなり、それが、大幅に安く借金できるようになった投資家や投機家に、借金を増やす理由を与えてしまった。中央銀行が処方した薬が、現実には病を悪化させてしまったというわけだ。

こうした債務負担はたまたま増加したのではなく、既存の債務は返済可能であるという幻想を維持するのに必要だった。したがって、多少の副作用は債務ベースの金融システムの一部として受け入れなければならない。低金利は必然的に資産保有者に有利に働くわけで、上昇し続ける資産価格も副作用のひとつだ。トマ・ピケティなどの経済学者が批判する富と所得の格差とは、基本的にそういうことだ※4。レバレッジを高めなければ、資産価格のさらなる上昇はない。この視点から見ると、バブルは偶発的な事象ではなく、このサイクルの避けては通れない一部だ。

すでにコロナ危機が始まる前、各中央銀行は自らをますます絶望的な状況に追い込んでしまっていた。英国人がよく言うところの「自分で自分の首を絞めた」ということだ。この状況は以下のように要約できる。

・世界は最近、資産市場における記録的な資産評価を経験した。原因は、低金利と記録的なレバレッジの高まりだ。コロナウイルスの出現前、米国の株式市場はGDP比で史上最高の水準に達している。
・世界は実体経済において、記録的な水準の債務を抱えていた。
・各国の中央銀行は通貨戦争を繰り広げ、国内産業を保護するために、自国通貨の価値がほかの通貨に対して上がりすぎないようつねに警戒していた。
・中央銀行には、インフレを容認することは公式には許されないにもかかわらず、実際には実質債務を削減すべく、その方向で動いているというジレンマがあった。
・金利は、次の危機が起きたときに引き下げられるよう、大幅に引き上げられるべきだった。しかし、そうはしなかった。過剰債務の世界経済と高レバレッジの資産市場が、金利の上昇に対処できないであろうことを知っていたからだ。

・世界は概ね政治の機能不全に直面していた。米国は、景気上昇期のピークで借金を財源とする減税とインフラ整備計画を推し進め、その結果、世界的な貿易戦争を招いた。欧州では、EUを離脱した英国に対してEUが制裁的措置をとった。これには、ほかのEU諸国が同様の離脱を模索するのを防ぐ狙いがあったが、ユーロ危機のほんとうの意味での解決を遅らせることとなった。

このような状況は興味深い疑問を生んでいた。次の危機は終局の始まりとなるのだろうか、それとも、システムがもう一回り続くように中央銀行がなんとか工夫して、あと何年かは資産価格の上昇、安定した経済、そして、繁栄の幻想を皆で快適に享受できるようになるのだろうか、という疑問だ。しかし、このような歴史的規模の危機が訪れようとは、誰も予想していなかった。

過激なアイデア

したがって、各国の中央銀行が、コロナウイルスの出現前から、政策の選択肢を増やそうと真剣に検討していたとしても不思議ではない。問われたのは金利がすでにゼロ（またはそれ以下）であり、何兆ドルもの有価証券を購入済みである今、30年来の路線を続けるにはどうすればいいのか、である。

この議論で出された一連の意見は、とても理に適っているように思える。目的は、中央銀行によるマイナス金利のさらなる引き下げと、さらなる流動性の注入を可能にするとともに、システムからの脱出オプションを制限することだった。

・**現金との戦い**：現金の使用に反対する動きは何年も前から続いている。最初に声を上げたのはＩＭＦの元チーフエコノミスト、ケネス・ロゴフ氏などの経済学者で、主としてインフォーマル経済と犯罪に対抗するために、可能なかぎり現金を排除すべきであると主張した※5。その後、５００ユーロ紙幣が廃止され、その結果、現金の保管コストが大幅に増加した。最後にＩＭＦが現金に課税するという手を思いついた。銀行の口座残高にマイナス金利が適用されるようになったとしても、人々が現金を引き出そうとしないようにするためだ※6。以上はすべて、計画されている貨幣価値の切り下げと、それに伴う債権・債務価値の削減というシナリオと整合性がある。道理でコロナ危機の発生当初から、現金が感染経路のひとつかもしれないと言われ、その利用を制限すべきだとされてきたわけだ[※7]。

・**金との戦い**：これに沿ってIMFは別のワーキングペーパーで、金は経済にとって不安定要素であると説明している[※8]。経済を刺激するためならいくらでも流動性を創出でき、また、そうすべきであるとするシステムを支持するのであれば、これはもちろん正しい。ただ、誰も金本位制に戻りたいなどとは思っていないようなので、IMFが今このトピックを持ち出してくるのは不可解だ。ひとつには、堅実な金融通貨政策の信頼を貶めたいという思惑があったのかもしれない。もうひとつには、とくにこの先を見据えたとき、金は「避難先」となり得る究極の価値の保管庫であることから、金の個人所有の制限に関して道義的議論を提起したかったのかもしれない。金の個人所有を禁止するなど考えられないと思う人は、ドイツと米国の歴史を思い起こしてほしい。

・**資本移動の制限**：同様に、環境に応じて自由な資本の移動を制限することは、危機を防ぎ、金融市場を安定させる正当な手段であると見られている[※9]。預金者がマイナス金利から逃れるのを防ぎたいなら、こうするしかない。現金と金という選択肢がなくなれば、あとは預金者にあきらめさせるのに必要なのは、貯蓄の外貨への換金を制限することだけだ。

・**債務の貨幣化**：金融政策の影響を完全に回避することが不可能となったら、債務問題を「解決」することに集中すればいい。まずは、債務の「貨幣化」という手があり、これについては前から議論に上がっていた。これは中央銀行が、バランスシート上の政府および民間の債務を単純に帳消しにすることを意味する[※10]。債務返済期限を100年無利子で延長するだけでもいい。経済的には同じことだ。識者らは、このような措置が唯一の解決策である場合にかぎり、貨幣価値を脅かすことはないと想定している[※11]。実際にどうなるかは、見てのお楽しみというところだ。貨幣化に向けて我々より数年先を行く日本では、この措置がほんの数年で実施されそうだ。

・**ヘリコプターマネー**：中央銀行のバランスシートを介して古い債務を処理するだけでは、すべての問題は解決しない。「ゾンビ」企業はなくならず、政府の隠れ負債は未積立のまま、生産性向上も鈍いままで、労働力は大幅に減少することになろう。経済成長率は、社会的緊張を緩和するには低すぎる水準で推移するだろう。解決のカギは、中央銀行から直接資金を調達する形でおこなわれる政府の景気刺激策にあるのかもしれない。ミルトン・フリードマン氏は、これを「ヘリコプターマネー」と呼んでいる。この場合、お金は文字どおりヘリコプターからばらまかれるのではなく、政府の財政支出などによって国民に分配されることになる。これについても、まったく自然な対応策と見る専門家が増えている※12。

・**現代貨幣理論（MMT）**：しかし、中央銀行から国への直接資金供給が、危機発生時に限られるべきなのはなぜだろうか？　現在のように商業銀行を経由するのではなく、中央銀行から直接国にたっぷりと資金供給できたほうがいいのではないだろうか？　この考え方の提唱者たちは、これを「現代貨幣理論」と呼んでいる。懐疑的な人なら、これはすでにワイマール共和国で試されているから、あまり「現代」とは言えないと主張するかもしれない。しかし、賛同者たちの見方は当然大きく異なる。彼らによると、中央銀行をコントロールできる国々（たとえば米国……イタリアではない）は、経済に余力があり、すべての願望を叶えられるのに十分な革新性と生産性を備えているのであれば、好きなだけ新たに刷ったお金を使うことができるそうだ。そして、インフレの恐れがあるのであれば、国は増税して流通させたお金の大部分を引き上げればいい。このような見方をすると、ジンバブエやベネズエラ、ワイマールドイツは課税に関する考察が足らなかっただけで、方向性は正しかったということになる。ノーベル賞受賞者のポール・クルーグマン氏は、経済において政府がより大きな役割を果たすことに異論を唱える人物ではないが、彼でさえこの理論には反対している。ただ、誰がどう考えようと、この理論は我々が向かっている方向をはっきりと示している。

繰り返し強調するが、以上のような考察はすべて、コロナウイルスの出現前になされたものだ。大恐慌以来最悪の経済ショックではなく、次に来る普通の不況に対処するために、政治家や中央銀行が提案していた対策だったのだ。

ウイルスが道を開く

政治家にとって問題は、このような明らかに極端な措置を国民に伝えなければならないことだった。低経済成長と低インフレ率だけで、このように明確な政策転換を正当化できるとは思えない。中央銀行の独立性は通貨の安定性の確保という主要目的とともに、あまりにも長いあいだ強調されてきた。1970年代の高いインフレ率の記憶も、ゆっくりとしか色あせていない。さらに、ドイツにはワイマール共和国時代に経験したハイパーインフレのトラウマがある。過去にユーロ圏におけるECBによるオープンな資金提供を提案するのが困難だったのはこのためだ。これまでのところドイツ連邦憲法裁判所は、政府への資金提供の禁止令に対する違反に関するものも含め、ECBの政策に対する不服をすべて退けている。ただし、今後、よりあからさまな違反についても、このような判断が下るかどうかは定かでない。

だから、ECBがクリスティーヌ・ラガルド新総裁の下、気候変動との闘いにおける自らが果たすべき積極的な役割を示したのは偶然ではない。欧州で「グリーンディール」を支援するということは、要するに気候変動との闘いに参加する国々の支出を賄うための資金を提供することにほかならなかったはずだ。もちろん、ユーロ圏はまだその段階ではなかったのだが、この大義名分をドイツが政治的に支持する可能性はかなりあった。

そして、コロナウイルスが出現した。これは1930年代の大恐慌以来最悪の経済危機であり、世界的にもユーロ圏でも数兆ドルの資金を動員せざるをえないことを考えると、中央銀行と国家財政との垣根を取り払わないことには、この状況に対応できないことは明らかだ。ドイツ、そして、恐らくオーストリアとオランダも債務は税と貯蓄を通じて管理できると、いまだに信じているかもしれない。ほかのEU諸国は、日本や米国同様、そう信じたことも、信じたいと思ったこともない。

というわけで、我々が「財政と金融の政策協調」の新時代を迎えようとしているのは明らかだ。これは通常、ある種の「ヘリコプターマネー」の採用を意味し、国民への直接給付という形であっても、財政赤字の一部の「貨幣化」(つまり、資金調達)という形であってもいい。このような政策のおもな強みは、公的・民間債務を増やさずに需要を押し上げることができる点にあると、推進派は主張している。

歴史を振り返ると、このような政府の資金調達は、20世紀に長いあいだおこなわれてきたことがわかる。1930年から1970年までのあいだは、中央銀行を通じた国への直接的な資金提供が広く受け入れられていた。これは重要な仕組みで、これにより各国政府は大恐慌後の経済の再生を果たし、初期の政府債務対GDP比が高かったにもかかわらず、第二次世界大戦の戦費と戦後の財政拡大の資金を賄うことができた。今日の状況は、当時とまったく同じだ。

歴史上の例をいくつか見てみよう※13。

・**ニューディール政策における直接融資（1933-1945年）**：ニューディール政策の一環として、ルーズベルト大統領は大恐慌の間、「復興金融公社（RFC）」を使って銀行や企業の財政を支援した。1933年から1945年までの間、RFCは総額330億米ドル（現在の貨幣価値換算で1・2兆米ドル（132兆円））を超える融資をおこない、世界最大の金融機関となった。このとき、別の変革も起きていた。中央銀行が担保として国債を購入する、つまり、国に直接融資することが許可されたのだ。金の個人所有も禁じられた。当時、この政策は広範におよんでおり、米国連邦準備銀行は政府の債務返済費用を削減する目的で、大量の国債を購入した。

・**日本における債務の貨幣化（1931-1937）**：1930年代に日本政府がおこなった債務の貨幣化は、もっとも成功した例のひとつだ。1931年に金本位制から離脱し、それに伴う円安が進むと、日本政府は大規模な財政拡大に乗り出して経済を再生させた。この財政拡大の財源は、ほぼすべて中央銀行がお金を刷ることで賄われた。1932年11月、日本政府は赤字国債を丸ごとすべて、民間機関ではなく日本銀行に直接売り始めた。そして、1933年にはすでにこの世界的な経済危機を克服しており、目立ったインフレにも見舞われていなかった。

・**民間銀行に融資を強制**：ほかに、政府が定める償還期限と金利での融資を、国が民間銀行に強要するという手もある。米国、カナダ、英国を含む多くの国々の政府が、第二次世界大戦中および戦後にこの手を使っていた。

以上のような例を見ると、中央銀行による国への直接融資というのは、新しい発想ではないことがわかる。この仕組みは、危機の渦中で大規模な支出を賄うために、徹底して使われてきた。それは、20世紀の英国と米国における政府債務の推移にも現れている。詰まるところ、中央銀行の助けなしには資金調達はできなかったというわけだ。

西側諸国は、コロナショック以前から目に余るほどの債務と未達成の公約を抱えて、この方向に舵を切っていたが、今この危機にあるが故に、よりオープンで果敢な行動をとる

英国と米国における公的債務の推移 1900-2000

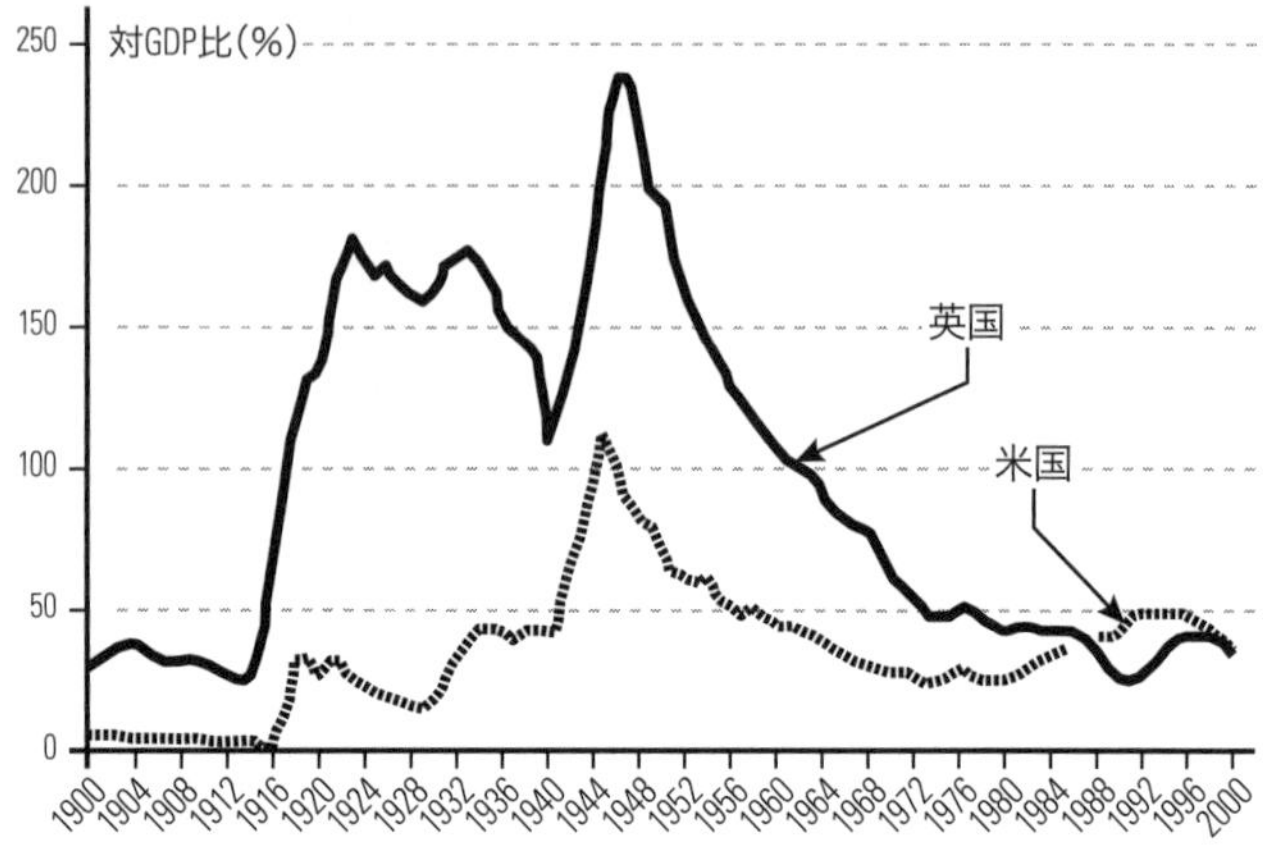

情報源：米議会予算局「公的機関が保有する連邦債務の歴史的データ」、英国公共支出

べきであることには変わりない。

前述の例は、中央銀行による国への直接融資が、必ずしも高インフレを招くとは限らず極めて効果的なツールでありうることを示している。政治家が過大評価したり、インフレの兆候が現れたときに中央銀行が動かなかったりすれば、インフレは起こる。

ただ、この政策の難しさは歴史が物語っている。1935年に日本でインフレ率が上昇し始めたとき、高橋是清蔵相はインフレを抑えるために政府支出、とくに軍事支出を削減し、国債の自由市場への売却を再度おこなった。この政策は大変な不評を買い、彼は暗殺されてしまった。

代替策は？

現在、ほとんどの経済先進国には、政府が中央銀行から直接資金調達することを阻む法的および憲法上の障壁がある。これは1970年代の高インフレ率が生んだ産物だ。ドイツでは、中央銀行が国に直接融資することに対する嫌悪感がとくに顕著で、これはワイマール共和国時代のハイパーインフレが集合記憶に深く刻み込まれているためだ。確かにリスクは高い。そもそも、政治家が中央銀行へのアクセスが許された途端に、節度をわきまえるようになると思う人などいるだろうか？　わたしはそうは思わない。

でも、現実的に考える必要がある。代替策となり得るのはなんだろう？　ざっと見ていこう。

・国が財源不足に甘んじ、新たな大不況の発生を容認する。さいわいこの路線で行きたいと真剣に考えている国はひとつもない。そうすることによる社会的、政治的影響は計り知れず、どのような結果を招くことになるかは歴史が示している。

- 国が借金をし、高い資金調達コストを容認し、深刻な危機が去ってから債務の削減に取り組む。この方法は景気の回復力を弱めるうえ、すべての国が同時に実践できるとは考えにくい。国家間の緊張が増し、コロナウイルスの出現前から高まりを見せていた保護主義が大幅に進展し、成長は鈍化することになろう。
- すでにお話ししたように、富裕税という選択肢もある。ただし、これは不人気な措置で、国によって伝統がまったく異なる。この路線は、EUやユーロ圏のように国家間での再分配が求められるシステムにおいては、すべての国が実践する場合を除いて、いい選択肢ではない。この路線はまずありえないので、机上の選択肢にすぎないと思う。

そこで必要となるのが、この問題に対する財政的解決策というわけだ。ユーロ圏ではあらゆる（とくにドイツでの）抗議をよそに、現在禁止されているECBによる域内諸国への直接融資を実現する方法が見つかると、わたしは確信している。ドイツ政府は、過去10

年間のユーロ救済措置ですでにそうしているように、この路線を選ぶことになるだろう。ただし、実際にはどういうことなのかを悟られないように、ドイツ国民に対して賢く提示する方法を見つけなければならない。EUレベルで危機債（コロナ債と呼んでもいい）を発行して、ECBに直接買い取らせるという手もある。たとえば、1兆ユーロ（120兆円）、償還期限100年超、金利ゼロというような債券がいいかもしれない。

コロナショックの渦中にあることと人口動向とを考慮すると、初期のインフレリスクは低いと予想できる。あくまでも初期の話だが。

加えて

2020年3月末、サンフランシスコ連邦準備銀行はある興味深い研究で、ペスト、スペイン風邪、H1N1インフルエンザを含む12の病気の世界的大流行による経済的影響の詳細を明らかにした[※14]。すべてのケースで、終息後に実質賃金の上昇が見られた。今日の世界において、これは経済が数十年にわたって縮小すると、その後、労働所得の割合が上昇し、資本所得の割合が低下することを意味する。この展開は、社会の高齢化と労働力の縮小が続くなか、どのみち想定されていた。コロナウイルスはこの傾向を後押しすることになる。

賃金の上昇は物価の上昇を招き、それがインフレ率の上昇につながる。一方、パンデミックは戦争とは異なるということが、これまでの危機の経験からわかる。戦争は物理的資産を破壊するので、戦後の経済はより速く成長する。パンデミックの場合、機械や設備、建物の破壊を招くことはないので、その後の状況は異なる。だから、回復の初期段階以降の成長率はさらに低くなると予想される。

したがって、政治家はさらなる景気刺激策を模索することになる。こんな状況に打ってつけのトピックが、気候変動との闘いだ。危機が起きる前、ＥＣＢはすでに気候変動との闘いにおいて、より「積極的な」役割を果たすべく準備をしていた。この役割とは、ＥＵ委員会が発表した「グリーンディール」のために資金を提供することにすぎない。これには数十億ユーロが必要だが、コロナショックの経済的影響を克服するために数兆ユーロが使われていることを考えれば、小さいものだ。

これによりインフレが戻るはずだ。過去10年間、中央銀行の政策がこれを成しえなかったのはなぜだろう、と疑問に思うかもしれない。おもな違いは、気候変動となると予算がつくうえ、実体経済において実質的な追加需要があるということだ。

・化石燃料から脱却する動きは、企業や個人が所有する既存資産価値の低下を招く。製油所、自動車メーカー、車のドライバー、石油暖房機器のユーザー、不動産所有者などは皆、資産価値の大幅な下落に見舞われることになる。どんな政策であれCO_2排出を経済的に罰するようなものは、CO_2排出を引き起こす側の富の減少を招くわけだ。

・それが、新たな投資への需要を生む。ガソリンスタンドの代わりに充電ステーション、燃焼エンジンの代わりに電気自動車、石油暖房の代わりにヒートポンプや太陽熱暖房などなど、投資対象は枚挙にいとまがない。

・国は、直接投資、新技術への助成金、研究費の供与という形で適切に資金を供給することで、この要件に対応する。起こるであろう経済の大再編の規模を考えると、数兆単位の資金が必要となる。カーボンニュートラルになるには、ドイツだけで1・5兆ユーロ（180兆円）から2・3兆ユーロ（276兆円）のコストがかかると予想されており、しかも、これは投資がすべて効率的におこなわれたとしての話だ[※15]。

こうした追加需要は、人口動向の推移による構造的な供給不足に直面している経済にとって歓迎すべきものだ。したがって、インフレ率上昇への期待は、簡単に無視できるものではない。まさに第二次世界大戦後と同じように、中央銀行は、第7章でお話ししたような「金融抑圧」を実現するために、金利をできるかぎり長いあいだ、できるだけ低く抑えることになる。これにより、債務負担は下がるはずだ。

新たなルールで再出発

世界は新たな時代を迎えようとしている。我々は数十年にわたるインフレ率の低下と、数年間にわたる金利の下落と債務の増加を経験してきた。コロナ危機は今、大規模な債務の貨幣化、そして、最終的にはインフレの復活に向けた来る終局の到来を早めている。

2020年1月に発行された複数の記事が、世界中の金利が数年のうちにマイナスになると予想している[※16]。我々は将来のトレンドを予測したがるものだ。

記事の基となった研究では、過去700年間の金利動向が分析されている。この研究でハーバード大学の研究者ポール・シュメルツィング氏は、実質金利は過去500年にわたって低下傾向にあると述べている。

彼のもうひとつの発見は、あまり頻繁にメディアに取り上げられることはなかった。それは、トレンドの急変が数世紀の間に幾度もあったということだ。平均すると、金利はわずか24ヵ月のあいだに平均3・1ポイント上昇し、そのうち2つのケースでは6ポイントを超える上昇を見せている[※17]。そのときは、たとえば2%ではなく8%の利息が課されていたことになる。

長短金利の逆転は過去に、30年戦争、第二次世界大戦、ペストなどの地政学的な出来事や大惨事が引き金となって起きている。今度はコロナウイルスが引き金となるのだろうか？ ここで申し上げておくが、上がる可能性があるのは名目金利だけだ。実質金利は長期にわたって低くなければならないし、そうなるはずだ。

[参考文献]

1 Beyond the Obvious, “Folgt Europa Japan in das japanische Szenario?” 6. May 2019
https://think-beyondtheobvious.com/stelters-lektuere/folgt-europa-japan-in-das-deflationaere-szenario-i

2 「国際決済銀行（BIS）がゾンビ化の影響について警告」“BIS Quarterly Review 2018”
https://www.bis.org/publ/qtrpdf/r_qt1809.htm

3 「The Telegraph」紙“Downgrade warnings raise fears of European bank nationalisations”26 March 2020
https://www.telegraph.co.uk/business/2020/03/26/downgrade-warnings-raise-fears-european-bank-nationalisations

4 Daniel Stelter, “Die Schulden im 21.Jahrhundert”, Frankfurt 2014

5 Beyond the Obvious, “Rogoffträumtweiter von der Enteignung” 24 November 2016
https://think-beyondtheobvious.com/stelters-lektuere/rogoff-traeumt-weiter-von-der-enteignung

6 IMFのブログ “Cashing In: How to Make Negative Interest Rates Work”, 5 Februar 2019
https://blogs.imf.org/2019/02/05/cashing-in-how-to-make-negative-interest-rates-work

7 国際決済銀行（BIS）“Covid-19, cash and the future of payments”, 3 April 2020
https://www.bis.org/publ/bisbull03.html

8 Welt, “IWF warnt vor Gold als Brandbeschleuniger für Finanzkrisen”, 26 Februar 2019
https://www.welt.de/finanzen/article189408169/Krisenwaehrung-Schadet-Gold-der-Weltwirtschaft.html

9 IMF, “IMF Working Paper, Whats in a name? That Which We Call Capital Controls”, February 2016 https://www.imf.org/external/pubs/ft/wp/2016/wp1625.pdf

10 Beyond the Obvious, “So würde die Schulden-Monetarisierung ablaufen” 22 August 2017
https://think-beyondtheobvious.com/stelters-lektuere/so-wuerde-die-schulden-monetarisierung-ablaufen

11 Adair Turner, “Between Debt and the Devil”, London 2015 『債務、さもなくば悪魔 ヘリコプターマネーは世界を救うか？』アデイア・ターナー著、高遠裕子訳 日経ＢＰ社、2016年

12 University College London (UCL): “Bringing the Helicopter to Ground – A historical review of fiscal-monetary coordination to support economic growth in the 20th century”, August 2018
https://www.ucl.ac.uk/bartlett/public-purpose/sites/public-purpose/files/iipp-wp-2018-08.pdf

13 University College London (UCL): “Bringing the Helicopter to Ground – A historical review of fiscal-monetary coordination to support economic growth in the 20th century”, August 2018
https://www.ucl.ac.uk/bartlett/public-purpose/sites/public-purpose/files/iipp-wp-2018-08.pdf

14 Oscar Jorda, Sanjay Singh, Alan Taylor, “Longer-run economic consequences of pandemics”, März 2020
http://ssingh.ucdavis.edu/uploads/1/2/3/2/123250431/pandemics_jst_mar2020_.pdf

15 BDI, “Klimapfade für Deutschland”, January 2018
https://bdi.eu/publikation/news/klimapfade-fuer-deutschland

16 Welt, “Zwei Prozent Negativzinsen könnten in Zukunft zur Normalität werden”, 5 January 2020
https://www.welt.de/finanzen/article204765098/Forscher-warnen-Zwei-Prozent-Negativzinsen-koennten-in-Zukunft-zur-Normalitaet-werden.html

17 Bank Underground, “Global real interest rates since 1311: Renaissance roots and rapid reversals”, 6 November 2017
https://bankunderground.co.uk/2017/11/06/guest-post-global-real-interest-rates-since-1311-renaissance-roots-and-rapid-reversals/

第9章

万人のコロノミクス

我々は新しい世界に向き合っている。わずか数ヵ月前には想像すらできなかった経済政策が今まさに実行され、あるいは今後実行されようとしている。史上類を見ない世界的経済危機との闘いでは、過去の指針や原則は見限られつつある。

ここまで見てきたように、重大な経済問題は新型コロナウイルス蔓延以前から存在し、世界各国で債務のマネタイゼーションが進められている最中だった。いまやこのウイルスは、政府の中央銀行からの直接融資を完全に正当化するための口実となる一方で、触媒としても働いている。あらゆることが予想をはるかに上回るスピードで進んでいるのだ。ヨーロッパにとって、これは経済政策を実行する非常に大きなチャンスでもある。ウイルスがきっかけで、我々は過去に積みあげてきた問題に向き合うことになったのだ。

EUのコロノミクス戦略を見ていこう。

過剰債務の解決

「フィナンシャル・タイムズ」紙のインタビューで、フランスのエマニュエル・マクロン大統領は、自身が思い描くヨーロッパの未来像を概説した。

「『（EUが）提案するこの大層な工程は、いったいなんなのか？』とポピュリストは言うだろう。彼らは危機の渦中も、危機を脱したあとも、あなたたちを守らない。連帯感をもっていないからだ。（中略）移民があなたたちの国にやってくると、彼らは移民を迎え入れろと言う。伝染病が発生すると、抑え込めと言う。ああ、なんとすばらしい人たちだ。ポピュリストは、ヨーロッパが生産した品々が自国に輸入されるときはヨーロッパの味方だ。（中略）しかし、重荷を分かち合うときはヨーロッパ側には立たない。（中略）我々は真実の瞬間にいる。（中略）我々には財政面の転換と連帯が必要だ。そうすればヨーロッパはもちこたえられる」※1

この文脈の「連帯」とは、加盟国が共同で債務保証することにより調達した資金による金融援助を意味する。マクロン大統領は、経済再生を支援するために数千億ユーロを動員するヨーロッパの「緊急投資基金」のアイデアをふたたび強調した。しかしこれは、すでに多額の債務を負い、追加負債の余裕がなかった国々には不安を与える。

したがってその狙いは、景気刺激策にともに資金を出し合うことにある。その含意を見てみよう。新型コロナウイルス危機による損害に対処するために、緊急投資基金が1兆ユーロ（120兆円）調達すると仮定しよう。すべてのユーロ圏参加国がこの債務を保証したら、イタリアやスペインが独自に借金をした場合に払うことになる金利と比較して、借入費用は低くなる。ヨーロッパ中央銀行が仲介するため、ドイツと比較した場合の金利差――「利鞘」――は、比較的低い。その結果、金利削減は1ポイントの範囲内になるというのが現実的な見方だ。具体的には年間100億ユーロ（1兆2000億円）の削減に匹敵するが、全体を見た場合決して大きな額とは言えない。

さらに重要なのは、返済は各国の「景気動向」に基づいておこなわれるべきという点だ。つまり、GDPが高ければ高いほど、その国が負う償還額も高くなる。コロナ危機以前の負担割合の概数は次のとおりだった※2。

・ドイツ：29・2％
・フランス：20・5％
・イタリア：15・4％
・スペイン：10・4％

・オランダ：6・6％
・ベルギー：4・0％
・オーストリア：3・3％
・小規模国：10・6％

各国がこの負担割合に応じて返済すると想定した場合、ドイツは基金から資金を受け取らなくても、共同責任で2920億ユーロ（35兆400億円）返済しなければならなくなる。簡単に言うと、ドイツの納税者とイタリア、スペイン、フランスの納税者のあいだで富が再分配されるということだ。イタリアがこの新たな借金でさらなる救済を受けた場合――十分あり得る話だ――この見通しに従えば新たな借金をするにはイタリアの負債はすでに大きすぎるので、イタリアの15・4％分をほかの国々で再分担しなければならないだろう。

したがって、各国間で富がこのように再分配されることに対して、ドイツやオランダの政治家が懐疑的になるのも無理はない。私有財産の大きな違いを考慮すればなおさらだ。7章で触れたように、イタリア、スペイン、フランスの一般世帯の資産は、ドイツの一般世帯の資産よりかなり大きい。理由は多々ある。２つの世界大戦におけるドイツの敗北、国家の東西分断、高い税率、低い持ち家所有率、普通預金のような「無リスク資産」を好むドイツ人の倹約気質等々だ。イタリア、フランス、スペインをはじめとするほかの大半の国は、20％の臨時富裕税で負債を簡単に縮小できるはずだ。

こうした各国間の富の再分配に批判が起こる理由はほかにもある。退職年齢や年金水準もＥＵ諸国ごとにかなり異なるし、税率にも同じことが言える。たとえば、祖父から１０００万ユーロ（12億円）相続したら、ドイツでは２２５万ユーロ（２億７０００万円）の相続税を納めなければならないが、イタリアではわずか36万ユーロ（４３２０万円）だ。

目に余る不公正を引き起こすことなくユーロ圏内の多額の借金を減らすアプローチが必要なのは明らかだ。私見だが、これは実現可能だ。すでに述べたように、世界中で中央銀行による大規模な国債のマネタイゼーションが始まろうとしている。ユーロ圏内でもそうなるはずだ。それを利用すれば大きな「リセット」も可能だろう。おおまかな計算をしてみよう。

公債とマネタイゼーション量
GDPに占める政府公債の率

	コロナ危機以前（2019年）	危機以降 危機以前から一律プラス30とする	マネタイゼーション後 危機以降から一律マイナス75とする
ギリシア	193%	223%	148%
イタリア	147%	177%	102%
ポルトガル	138%	168%	93%
フランス	122%	152%	77%
ベルギー	118%	148%	73%
スペイン	115%	145%	70%
オーストリア	90%	120%	45%
アイルランド	75%	105%	30%
ドイツ	70%	100%	25%
フィンランド	69%	99%	24%
オランダ	66%	96%	21%
スウェーデン	59%	89%	14%
日本	239%	269%	194%
アメリカ	136%	166%	91%
イギリス	117%	147%	72%

出典：OECD

この表の数字から、問題の額がはっきりわかる。コロナ危機以前から、多くの国が多額の借金を抱えていた。低金利のおかげで、高金利の環境ほど重大な問題ではないとは言え、市場や投資家、起業家、一般世帯は動揺するだろう。将来の債務負担がどれほどになるのか不透明だからだ。おまけにこれらの数字には、高齢化社会における年金と医療費の負担は含まれていない。実際、債務負担は、一時借入金がGDPのほぼ100%であるドイツではかなり高い※3。

表の2番目の縦列は、新型コロナウイルスによる損失を現在ドイツで見積もられているGDPの30%と想定した場合の債務水準を示す。これでヨーロッパ諸国の公的債務水準は100~223%に押し上げられるだろう。しかしギリシアの数字は意味をなさない。その負債の大部分がすでに好条件で減免されているため、真の数値はかなり低いからだ※4。

ユーロ圏全体を見ると、177%の負債/GDPのイタリアと、152%のフランスのほうが問題だ。この2カ国とスペイン、ポルトガル、ベルギーがEU加盟国による共同での債務保証に突き進んでいるのも不思議ではない。

ドイツはそれに抗うでもなく、暗黙のうちに受け入れるでもなく、むしろ積極的に参加するべきだ。問題を抱える国だけではなく、すべてのEU加盟国で一貫して国債のマネタイゼーションをおこなうべきなのだ。先の表では、あらゆる国がGDPの75%の範囲内で既存の負債をマネタイズするだろうと推定した。とりわけ大きな打撃を受けた国々が不利にならないように、コロナ危機以前のGDPが計算基準として使われるべきだろう。2018年、ユーロ圏のGDPは11兆6000億ユーロ(1392兆円)だった。GDPの75%は、約8兆7000億ユーロ(1044兆円)に相当する――驚くべき数字だ。

非常に多額ではあるが、第二次世界大戦中および大戦後のマネタイズ額に比較するとまだ少額だ。ここで実行手順を考えてみよう。

・ユーロ導入国で合同債務償還基金を設立する。仮に「より良い未来のためのヨーロッパ連帯基金」と名付けてもいいだろう。
・各国はGDPの75％の負債をこの償還基金に移動する。具体的には、基金が各国と契約し、その債務を引き受ける。これに関して、民間債権者はまったく異存はないだろう。合同債務によって各国の信用度は向上するはずだからだ。
・最終的に、この債務は問題とされない。というのも、これらの公債はすべてECB（ヨーロッパ中央銀行）によって買いあげられるからだ。ECBはすでに国債を2兆5000億ユーロ（300兆円）ほど購入済みで、さらに6兆2000億ユーロ（744兆円）の国債を購入するだろう。
・この工程は時間をかけて実行される。国債は満期時期が来るたびに、新規発行の国債によって償還される。償還基金が発行する公債は、ECBによって購入される。さらに、証券購入プログラムも計画どおりに継続される。
・ECBの債務償還基金への請求は100年以上にわたる期間に引き延ばされ、無利息である。双方の暗黙の了解で、ECBは償還を求めないかもしれない。
・ECBが公式に負債を帳消しにする可能性も考えられる。このアプローチは数年間経済学者のあいだで議論されてきた※5。
・各国の負債比率を計算する際に、債務償還基金の債務は含まれない。

ECBの規則で政府への直接融資は認められないため、すでに実績があるように、市中銀行の仲介が選択されるだろう。具体的には、債務償還基金が発行する債券を市中銀行が購入し、再融資のためにECBに直接付託するということだ。

これらの負債総額や工程を考えれば、激しく反論されることは百も承知だ。とくにドイツの経済学者からは異議が出るだろう※6。その批判も理解できる。しかしわたしは現実を見ているのだ。全世界でこの方針が採用されるはずだ。なぜなら我々は戦争に匹敵する損害に対処しているのだし、それを簡単に解決できる十分な予備費があるわけでもないからだ。

負債水準にかかわらずすべての加盟国がこの工程に参加すれば、公正と言える。そうなってはじめて、ドイツとオランダが過去の緊縮財政に報いられるからだ。ドイツでは、財政引き締めによってインフラや国防、デジタル化への投資が不十分になり、未来がある程度犠牲になった。緊縮政策で国民は過度な税負担を強いられ、それがドイツの一般家庭の資産が他のユーロ加盟国の家庭より少ないことの一因にもなった。

大半の国では、この臨時の債務再編のおかげで国債が持続可能な水準になるだろう。ECBが世界の他の中央銀行と同じように当分のあいだ低金利を維持し、民間部門も債務免除が容易にできるようにすれば、GDPの100％までの債務水準は問題とはならない。その水準を超えるのはギリシアとイタリアだけだ。ドイツの国債はわずか25％に留まるはずだ。

この提案は多くの読者に衝撃を与えるかもしれない。インフレが高まることを恐れ、このアプローチは健全ではないと考えればそれも当然だろう。だから再度ここで強調しておきたい。

・歴史を紐解くと、公債のマネタイゼーションは慣例的で、とくに経済危機や戦争後におこなわれてきた。
・債務負担はコロナ危機以前からすでに大きかったので、債務負担を縮小する方法はほかにない。

・その工程は、すべての国がマネタイゼーションから利益を得るように実施されなければならない。すべての国の危機以前のGDPを計算に用いることが重要なのは、これが理由だ。

・メリットは、完全な共同債として機能しているときに普通小切手は不要で、あらかじめ定められた額が国有化される点だ。EU内でも課税率や社会規範は大きく異なるためこれは必須である。

・これが1回限りの措置に留まるなら、インフレ効果を発揮するにはおよばないだろう。1度限りのデフレショックを背景におこなわれるからだ。インフレリスクは、この措置が恒久的なものになったときに発生する。

ドイツがこの方向へ進めば、EUとユーロ圏の安定化に寄与するばかりか、近隣諸国の共感も得るはずだ。マネタイゼーションの阻止は結局うまくいかないだろうし、ユーロやEU崩壊という危険もはらむ。そうなれば誰もがかなりの損失を被るだろう。

一層の連帯は可能だ

こうした組織的債務削減だけではおそらく不十分だ。この重大な危機に対処するために、さらなる政策の財源とする余剰金も認めるなら、GDPの60%を目標値にできるだろう。もとはユーロ導入時に定められた評価値だ。これに従うと、イタリアではGDPの40%にあたる約7000億ユーロ（84兆円）の債務が残る。他国における債務はフランスでは17%（4000億ユーロ）（48兆円）、スペインでは10%（1200億ユーロ）（14兆4000億円）、そしてポルトガルでは33%（600億ユーロ）（7兆2000億円）だ。

フランスとスペインはこの負債に対処できるはずだが、イタリアとポルトガルについては疑わしい。ポルトガルでは企業負債も民間負債も高水準だ。イタリアでは、コロナショック後、一般家庭への増税のみで国債を削減するのは難しいかもしれない。

ドイツはヨーロッパ精神に即して他国に手を差し伸べることができるし、そうするべきだ。ここでユーロ圏共通の資金決済システム「TARGET2」の貸出の出番となる。このシステムは何年ものあいだ経済学者のあいだで議論されてきた。ただの手形交換であり、それ以上の意味はないと言う者もいれば、ドイツとオランダがおもにイタリア、スペイン、ポルトガルに工面する無利子かつ償還不要の貸付だと主張する者もいる。私個人は、資産だと考えている。ドイツ連邦銀行がTARGET2の貸付をドイツの海外資産の一部として公式に管理しているという事実もその裏付けになっている[※7]。

2020年1月、ドイツ連邦銀行は8100億ユーロ（97兆2000億円）の貸付を報告した。TARGET2バランスを見ると、おもな債務者はスペイン（3900億ユーロ）（46兆8000億円）、イタリア（3830億ユーロ）（45兆9600億円）、ポルトガル（750億ユーロ）（9兆円）だった[※8]。この8100億ユーロ（97兆2000億円）はドイツのGDPの約25％に匹敵する。ドイツの輸出超過と南ヨーロッパの国々からの資本逃避の結果である。

TARGET2の受取勘定を削減するには、ドイツが——政府も企業も一般家庭も——より多くの商品やサービスを貸付先の国々から輸入したり、そこへ投資したりするしかない。だがこれは非現実的だろう。むしろ、現在の危機と各国の多岐にわたる競争力を考えると、ドイツのTARGET2の受取勘定がさらに増える可能性は非常に高い。2020年3月にはすでに1000億ユーロ（12兆円）以上急増して9300億ユーロ（111兆6000億円）に達したが、これはほぼ確実にイタリアをはじめとする国々からの資本逃避を招いた。ユーロ圏の未来にふたたび暗雲が垂れこめたからだ。

さらなる緊張がユーロ圏の崩壊を招いたら――コロナショックが原因でその可能性は高まっている――ドイツはこの貸付を回収不能とみなさなければならないだろう。公式にはECBに支払い責任があるが、しかし（部分的に）破綻した場合、ドイツはECBの保証をしているのでこれらの受取勘定を失うことになるかもしれない。

ユーロ圏の国々を支援するために、ドイツにはTARGET2の受取勘定を資金調達する必要がある。ドイツ政府は「ヨーロッパ連帯のためのドイツ基金」を創設するべきだ。銀行と保険会社によって運営され、ドイツの保証で債券を発行する基金だ。この方法なら発行した債券はドイツの公的な債務には含まれない。ヨーロッパ連帯基金と同じく、ドイツ基金が発行した債券は、ドイツ連邦政府が市中銀行から買い上げる。

ドイツ基金はイタリアをはじめとする国々への支払いをおこなう。イタリアなどではこの支払い金を直接投資や貸付に使うことができる。一部は寄付として支払われてもよいかもしれない。資金がイタリア、スペイン、ポルトガルへ流れると、TARGET2の貸付は減り、ドイツ連邦銀行のバランスシートはふたたび圧縮され、最終的にTARGET2の貸付ではなくドイツ基金に対する貸付をもつことになる。ユーロ圏と同じように、ゼロ金利の長期ローンになるだろう。

その利点は明らかだ。ドイツは、経済回復を支えるために、現在は利用価値のない資産を活用することになるのだ。

こうした方法はもちろん例外的な対策だ。しかし、すでにユーロ圏の国が実行している。ユーロ危機と財政危機の過程で、アイルランドは自国の銀行を数十億ユーロで救済した。アイルランド中央銀行が出資する銀行緊急援助基金が緊急融資をおこなったのだ。この「緊急流動性支援(ELA)」は、ユーロ・システム内の中央銀行の公的ツールである。貸出はアイルランド政府が保証した。数年後、銀行緊急援助基金は破綻し、アイルランド政府は中央銀行に貸付損失を補償しなければならなかった。そのために政府は長期国債を発行し、その一部は数年間利子の支払いと元金返済が免除された。これらの国債はふたたび中央銀行によって買い取られた。「フィナンシャル・タイムズ」紙はこれをマネタイゼーションの典型例と呼んだ※9。我々がドイツについて議論している総額は、アイルランドの負債額とほぼ同じ水準だ。唯一の違いは、アイルランドがどちらかというと秘密裡に、当時メディア数社にしか知られずに処理した点だ。

スペインは同じことを銀行救済基金で実施した。民間機関として運営されたその基金は、スペイン中央銀行による完全出資で、中央銀行はそのためにユーロ紙幣を増刷した。

このアプローチなら、過去10年間に積み上がった経常収支の不均衡をいくぶん修復できることに加えて、TARGET2の取引の役割を制限してユーロ・システム改善の礎を築くこともできるだろう。そのためにはアメリカのシステムを実行すればいい。アメリカでは各地区の連邦準備銀行が年に1度決算報告をすることになっている。

経済刺激策

ユーロ圏でコロナ危機に見舞われた国に対して、旧債を処理し追加資金援助をするだけでは不十分だろう。同じく重要なのは景気回復支援だ。これには過去とは異なる刺激策が必要だ。

我々が未曾有の危機に直面しているからだが、コロナ危機以前からEUもユーロ圏も財政状況が厳しかったからというのも理由である。経済の低成長、期待外れの改革案、そして見当違いの優先政策。これらはすべてヨーロッパ版の「日本型シナリオ」を、しかもその劣化版を指し示していた。

しかしながら、過去数年の例のように、誤った優先順位がつけられる危険性は残っている。すでに一般的な政治プロジェクトへの期待が高まっているが、それは未来の景気に好影響を与えると約束するものではない。「フィナンシャル・タイムズ」紙は、フランスのエマニュエル・マクロン大統領が先のインタビューで語った見通しをこうまとめている。「新型コロナウイルス感染症によって、マクロンがめざす人間味のある資本主義を実現するチャンスが生まれるかもしれない。彼が具体的に挙げたのは、『過度に金融化した』世界を終わらせること、温暖化の惨禍から地球を救う努力の継続、そして電気自動車バッテリーや医療機器、医薬品といった産業分野への投資によってフランスとヨーロッパの『経済的主権』を強化することだ。どれもEUが中国に過度に依存するようになっていた事柄である」※10

これは良い考えだ——とくに、投機とレバレッジからの脱却は評価できる。しかし、2000年以降続くヨーロッパの努力の成果を振り返ると、懐疑的にならざるを得ない。さらに、財政危機とユーロ危機が発生した過去10年間を見ると明るい気持ちにはなれない。ヨーロッパの金融システムを小規模化し、レバレッジ利用のインセンティブを縮小して、金融部門の安定化を図るべきなのに、政治家は行動を起こしていない。決断を先送りにしたのだ。危機に際してなぜ先送りにするのだろうか？

それでも、西欧諸国の政治家がいまこそ正しく行動すると期待したい。正しい行動とは、潜在成長力を伸ばし、持続可能な形で繁栄を後押しする施策に投資することだ。人口構造の変化を考慮すると、何よりもまず今後数年で国民一人当たりのGDPを増やさなければならない。そうなってはじめて、負債の重荷を克服できるからである。

短期的に見ると、最初の一歩は落ち込んだ景気の回復だ。かつての落ち込み、とくにリーマン危機とは対照的に、焦点を当てるのは大規模製造業ではなく、中規模企業、とりわけ小売業やサービス業にするべきだ。

すでに5章で触れたように、わたしは使用期限のある商品券を支持する。素早く決断されれば、いまからでも各国政府によって準備できる。金額は一人当たり500ユーロ(6万円)、1枚50ユーロ(6000円)の券を10枚配布するといいだろう。納税を受け入れた企業は、商品券を利用できる。

商品券のメリットは、消費活動に利用せざるを得ない点だ。特定の日までに使わなければ期限が切れて無効になる。代案として全国民への現金給付も考えられるが、これにはお金が貯金に回され使われないというリスクがある。社会正義をめぐる議論がすぐに白熱するのでつけ加えておくと、一定額以上の所得がある場合は金券の額面を2020年に一括して税負担に加えればいい。そうすればスムーズな給付が可能になり、できるだけ短期間でそのお金を使おうという動機もでき、後日社会正義の問題にも対処できる。

短期間の消費活動強化と同じく、企業の業績回復も重要だ。政府がビジネス支援のために誤って貸付や事業の国有化に頼ったからには、これらの貸付を帳消しにすべきだ。2019年10月までECB総裁を務め「ユーロを救うためならなんでもする」と発言したイタリアの経済学者マリオ・ドラギは、すでに3月にこの点を指摘していた。「フィナンシャル・タイムズ」紙のゲスト寄稿では、銀行は信用度にかかわらず、つまりリスクによって区別することなくすべての債務者に貸付すべきと提言している。また、銀行の自己資本規制の一時停止も主張した。自己資本規制は要するに、ただでさえ低下している銀行の支払い能力をさらに弱めることを意味する。

しかし、もっと重要なのは「民間部門が陥る収入の喪失――および収入減少を埋めるためのあらゆる借金――は、全額であれ一部であれ、最終的に政府のバランスシートに含まれなければならない」こと、そして「より高水準の公債が今後の経済にはついてまわり、民間債の救済も伴うだろう」というドラギの見解だ[※11]。

これは彼の言うとおりだ。いかなる場合でも貸付は誤った方法だった。債務負担を低くするためなら、起業家はなんでもするからだ。多くの企業は、たとえ少額でも借金があると経営はたちゆかなくなる。純資産額も換金性も低い水準で経営しているためだ。コロナショック後のビジネスを借金返済に集中しなければならないとしたら、投資や技術革新、事業拡大にまわす資金はなくなる。そのため、企業は資金を投入すべきときに肝心の資金がない状況に陥る。これでは業績回復が妨げられるだろう。

債務免除は素早く、効率的におこなわれなければならない。そして何よりルールが明確でなければならない。そうなってはじめて、企業は安心して先々の計画を立てることができる。経済にとって不確定要素は、少なくとも経済的負担そのものと同じくらい大きな重荷なのだ。

大量の政府保有株や貸付金を取り扱う信託機関設立をすでに議論している国もあるが、わたしは民間部門への支払い請求は即刻、わかりやすく帳消しにするよう提案したい。ここでも4章で触れた原則に従うことが可能だ。

負債の帳消しは公正なやり方と言える。この危機を引き起こしたのは企業ではないからだ。金融危機の場合は大規模に銀行を国有化し、株主に損失を負担させるのが正当な方法だろう。銀行も株主も危機に対して責任があるからだ。一方、新型コロナウイルス感染症は、企業にじつにさまざまな影響を与えた外的ショックだ。もちろん個々のケースを見れば、危機以前から不十分な純資産額でやりくりしていた企業もある。しかし、あとからそれを見分けることは不可能に近く、そこにこだわると素早い解決が阻まれる。完璧な公正さなど実現できないということを、我々は受け入れなければならないのだ。

結論を言おう。短期間で経済を回復させるために必要なのは、商品券である。代替案は、現金給付と、生き残りのために政府の支援を必要とする企業への素早い債務免除である。

経済再スタート

ヨーロッパ経済を短期間安定させるだけでは足りないだろう。6章で検証したように、このままではEUに明るい未来はない。いま方向転換のチャンスがめぐってきたのだ。コロナショック後ならそのための社会的コンセンサスを得るのは簡単なはずだし、同時に、国債再編も助けになる。というのも、そのおかげで景気がいっそう刺激されるからだ。経済成長とその後の好景気は、基本的に2つの要素次第である。

・労働人口の増加
・生産性、すなわち国民経済生産性

人口構造が変化したために、この10年間で労働力がEU加盟国の大半で縮小し始めるのは周知の事実だ。

ユーロ圏全体で言うと、ドイツの成長はとくに重要だ。ここまで見てきたように、ドイツ経済はユーロ圏のGDPの約30％を占める。加盟国の連帯に頼り、その結果相対的にドイツの貢献に頼るあらゆる試みは、ドイツ経済の強さは揺るぎなく続くとの仮定に基づいている。しかしそのような保証はない。ドイツ連邦統計局によると、ドイツの生産年齢人口（20～66歳）は現在5180万人だが、移民の状況次第で2050年までに4770～4320万人まで減少するとのことだ。2030年には、ドイツの全労働人口は260～

360万人減少する。この人口変化の結果はかなり重要だ。ウィーンのオーストリア経済研究所（Wifo）の科学者らは、2040年までにドイツは国民一人当たり3700ユーロ（44万4000円）の収入を失うだろうと見積もった。総合的には、ドイツのGDPは一定の人口が維持される場合に比較して2740億ユーロ（32兆8800億円）低くなる。その差は今後数十年間でかなり大きくなる[※12]。ほかのEU諸国でも、程度の差こそあれ同じことが起こるだろう。

この難局に対処するために、EUは労働人口の減少を鈍化させ、生産性を向上させるための戦略を立てなければならない。コロナショックに見舞われなくてもそうする必要があっただろう。しかし、コロナ危機後はいっそう必要性が増してくる。労働人口を安定化させる手段はよく知られているが、必ずしも有権者受けがいいとは言えない。

・**移民を増やす**：労働人口増加に関するシミュレーションには、すでにある程度の移民数の純増が含まれている。たとえば、ドイツの場合20万人の移民数の純増が推定され、総数では50万人にのぼる。国民世論の反発が増していることを考えると、さらに高い移民数の純増を想定するのは難しい。さらに、しばしば見落とされるファクターが作用し始める。移民はただ迎え入れられるだけでは不十分で、社会に貢献するために適切な仕事に就かなければならず、移住先の国ですでに暮らしている人々と同程度の収入を得る必要があるのだ。この点に関しては、ドイツやヨーロッパの大半の国々への移住は失敗と言わざるを得ない。

・**定年延長**：結局のところ、年金保険料の納付年数と年金受け取り期間に一定の関係を確立するのが公平というものだ。もっとも簡単な実現方法は、平均余命ファクターと定年年齢で自動的に調整することだ。これで、資格があるかぎりあらゆる世代で年金受け取りが可能になる。ドイツを例に見てみよう。1950年代、退職後の1年間の年金保険料の払い込み期間は約3年半だった。この値は現在2年あまりに下がり、このままなんの手段も講じなければ、2030年までに2年以下に落ちるだろう。これではたちゆかないことは数学者でなくてもわかる。試算によると、こうした平均余命ファクターは年金保険の持続可能性ギャップ（年金の受給額と、それを支えるための年金保険料との間の差）を37・9%、すなわち約1兆2820億ユーロ（153兆

８４００億円）縮小する[※13]。

これは公正であるばかりか、寿命の伸びを考えれば充分に正当だ。２０１５年のドイツの平均寿命は、男性が78・4歳、女性が83・4歳だった――つまり、１８７０年代と比較すると、平均寿命が急速に2倍以上になったことを意味する[※14]。60歳の男性の平均余命は22年、70歳の男性は14年だ。女性の場合はもっと長く、60歳の平均余命は25年、70歳で17年である[※15]。寿命が伸びても健康的な生活を長期間送れるならまったく問題はないとわかる。

日本をはじめとする国々はすでに気づき、この方向で対処を進めている。２０１３～２０１６年にかけて、日本人男性の余命は9ヵ月、健康寿命は1年伸びた。ヨーロッパでは、平均余命の伸びは止まっている。喫煙者の減少の効果がすでに数字に含まれているためだ[※16]。しかし、余命を伸ばすために、あるいは健康寿命を伸ばすためにもう打つ手がないというわけではない。

・**長く働くインセンティブ**：さらに、定年以降も労働市場に参加するよう人々の意欲を高めることも可能なはずだ。ドイツでは、65～74歳の約11％が就労している[※17]。さらに多くの高齢者を労働人口に取り込むために、まだまだできることがあるのは明らかで、そうすべきである。定年延長の明白な効果に加えて、現役期間から退職後の仕事へのスムーズな移行を可能にする合理的な方法を確立することに主眼を置くべきだ。高齢従業員の低下している生産性を考慮して、給与体系を改変するのも一例だ。ほかにも、たとえば高齢者が現代の求人市場に適応できるように研修をおこなう方法もある。企業側は、高齢労働者にとっても魅力的な職場を整え、初期の段階で適切な研修を受けられるよう取り組みを強化しなければならない[※18]。

・**税金と社会的費用の減額**：多くの国では、労働期間の延長や年金を受け取りつつ働く状況はあまり歓迎されていない。その場合、長く働くことが魅力的になるように思い切った政策変更が必要だ。とりわけ低所得者のために税金と社会的費用は減額しなければならない。これは高所得者の増税や富裕税、二酸化炭素排出税で穴埋めできる。

以上は決して完璧なリストではないが、これによってわかるのは、比較的単純なてこ入れで、人口構造の変化から起こるさまざまな難局をなんとか乗り越えられるということだ。労働人口の減少と高齢化社会のコスト増、どちらの問題も対処可能だ。これまでのところ、我が国の政治家は変わらない議員活動を望み、有権者に不人気な決断をとくに避けている。

これからコロナショックが去り、ヨーロッパや国際レベルの政略を理由に高水準の財政支出が持続する可能性もあるなかで、政治家は適切なインセンティブを用意できるし、すべきである。

生産性向上の各国比較

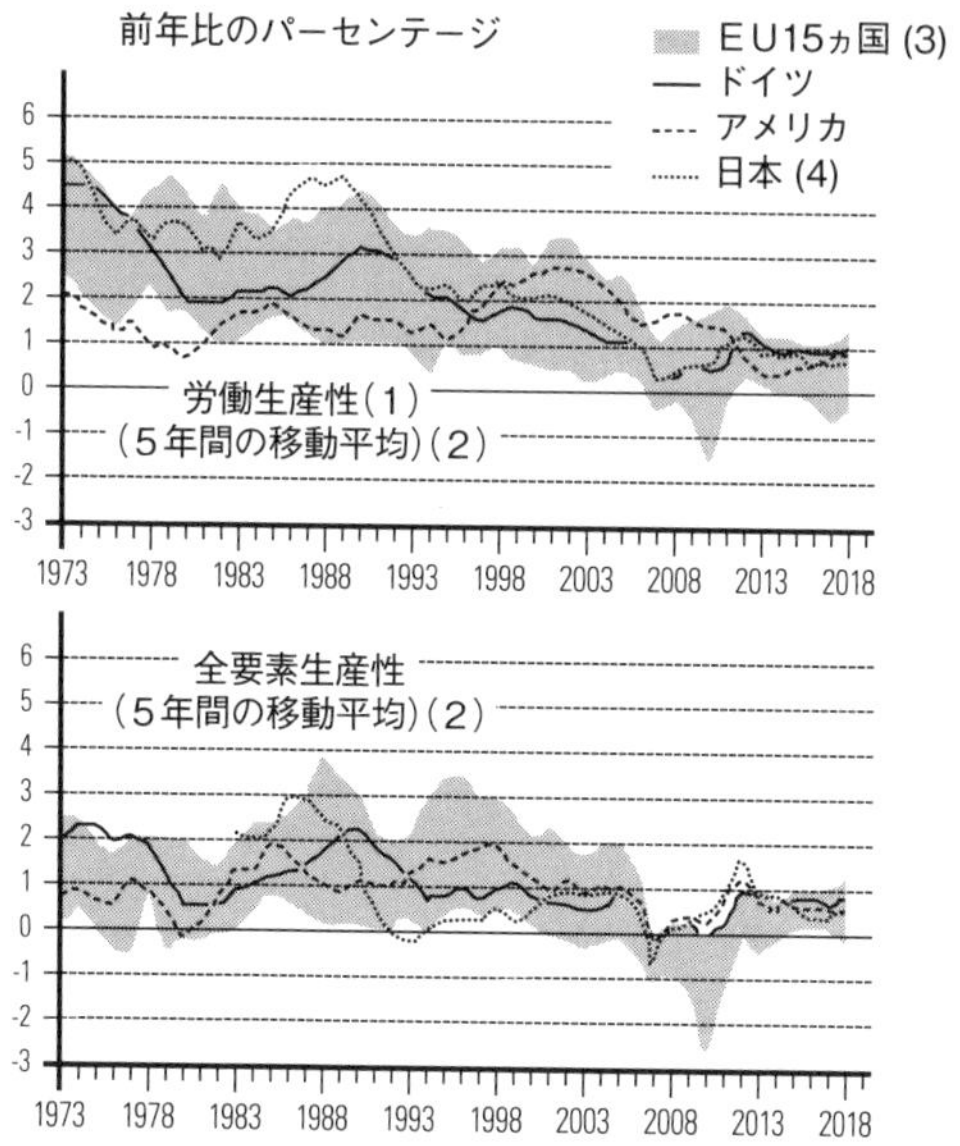

（1）労働時間当たりのGDP　（2）ドイツ：ドイツ経済諮問委員会による算定
その他：欧州委員会による算定
（3）帯幅には最高レベルと最低レベルを含む　（4）対象期間中にデータ欠落あり

出典：欧州委員会統計局独自の計算による。
https://www.sachverstaendigenrat-wirtschaft.de/fileadmin/dateiablage/gutachten/jg201920/2019_Nationaler_Produktivitaetsbericht.pdf

しかし、問題は労働人口の規模だけではない。その生産性も重要だ。ドイツ連邦経済エネルギー省（the German Federal Ministry of Economics）の計算によると、1992～2016年にかけて、ドイツの労働生産性は1年につき平均

投資の対GDP比

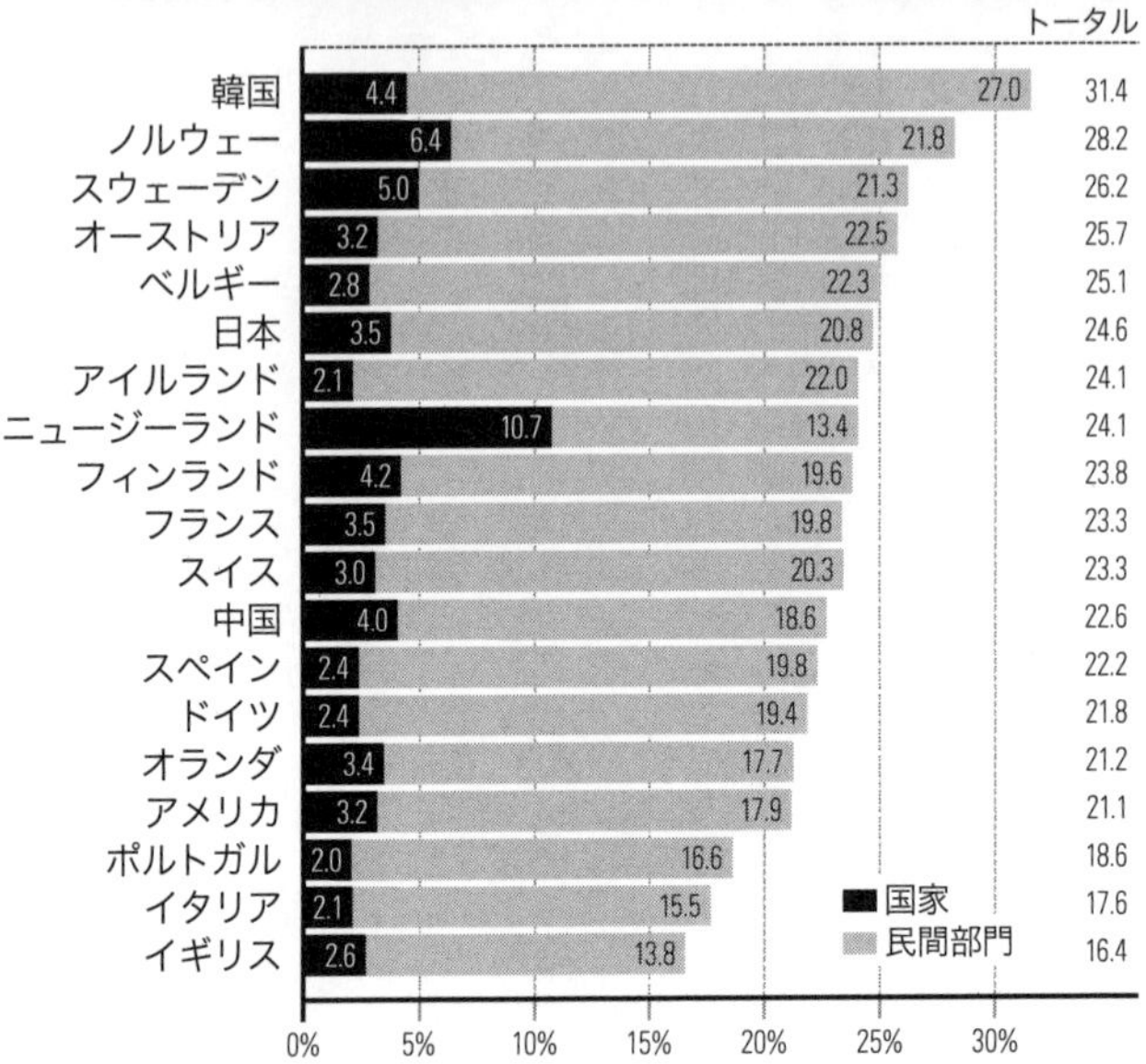

出典：各国の最新データ。International Monetary Fund, "World Economic Outlook Database, January 2020 update"(for total investment relative to GDP> https://www.imf.org/external/pubs/ft/weo/2019/02/weodata/index.aspx) - OECD "Investment by Sector" (for the government share> https://data.oecd.org/gdp/investment-by-sector.htm#indicator-chart) - bto calculations

０・９％の上昇に留まった。これは平均１・３％の諸外国と比べてもかなり低い※19。同じ事態が起きている国々もある。

全体的な経済生産性を増加させるための手段はよく知られている。国と民間部門による投資の増加、国民への質の高い教育、研究開発の支援、そして来るべき自動化とデジタル化の波を見据えたテクノロジーの振興だ。とくに高齢化社会は、この状況を大きな機会ととらえるべきで、脅威と見るべきではない。こうした手段については、それぞれ1冊ずつ本が書けるだろう。

ここでは一例だけ見てみよう。2019年の一般世帯、企業、そして国の投資水準を示したグラフだ。

韓国（異文化圏、発展途上）とノルウェー（天然資源の恩恵で富裕国）を除外すれば、GDPの25％の投資水準が最適な目標値と思われる。EUの大半の国はこの数値以下だ。イタリアやポルトガルなどの数ヵ国は、民間部門も公共部門も投資が十分ではない。その他の、たとえばドイツやスペインでは公共投資が不十分なようだ。オランダをはじめとする国々では民間投資が比較的低い。

もちろん、国家から民間部門にいくら投資せよと指示はできない。企業に特定の投資先を魅力的だと思ってもらうためには、国はインセンティブと景気を通して間接的に貢献するしかない。反対に、公共投資の水準は政策によってはっきり決めることができる。

民間投資の促進のためには税制改革が必要だ。投資、研究開発用の費用、従業員への追加研修対策には、おおいに力を入れなければならない。そうすれば、全体的にはより軽い負担で、国際社会のなかでEUはふたたび魅力的な投資先になるだろう。

明らかに公共部門が投資すべきは、気候変動との闘いに関する分野だ。わたしは公共政策の効果には懐疑的だ。ドイツの事態はとくに心配だ。再生可能エネルギーに数十億ユーロを費やし、エネルギー価格がヨーロッパ最高値になったにもかかわらず、ドイツはCO_2削減の目標達成に失敗した。ドイツがかつてのように問題を先送りにしたら、カーボンニュートラルの達成には4兆ユーロ（480兆円）以上の費用がかかるだろう。もっと効率的かつ効果的な方法は、CO_2価格を——理想を言うなら——ヨーロッパ水準に設定することだ。とるべき方策は、排出許可証あるいはCO_2税だ。その代わり、そのほかの税は減税すべきである。

成長力を高める

EUとユーロ圏に根本的変化が必要なことは間違いない。慣習にとらわれない手段で債務超過の問題に徹底的に対処する以外にも、万人のさらなる幸福に焦点を当てた真の改革が必要だ。未来の難題に立ち向かうためには、力強い経済成長が欠かせない。難題とは、高齢化社会、移民受け入れ圧力、気候変動、そして国際社会でのヨーロッパの存在感を確保することである。

じつのところ、成長力の強化とは、できるだけ多くの人々に労働の動機づけをし、生産性を高めることを意味する。これには減税、スムーズな就業移行、さらなる投資、教育や開発に使う費用が必要だ。コロナ後の世界では、政治的レトリックを広めるだけではなく、行動に移さなければならない時が来るのである。

[参考文献]

1 *Financial Times*, “FT Interview: Emmanuel Macron says it is time to think the unthinkable”, 16 April 2020
https://www.ft.com/content/3ea8d790-7fd1-11ea-8fdb-7ec06edeef84
2 Eurostat: “Which member states have the largest share of the EU`s GDP?”, 11 May 2018
https://ec.europa.eu/eurostat/web/products-eurostat-news/-/DDN-20180511-1?inheritRedirect=true
3 Stiftung Marktwirtschaft: “Ehrbarer Staat? Wege und Irrwege der Rentenpolitik im Lichte der Generationenbilanz”, 22. November 2019
https://www.stiftung-marktwirtschaft.de/fileadmin/user_upload/Pressemitteilungen/2019/Rentenpolitik_PG_22.11.2019/PK-Folien-Ehrbarer-Staat_Rentenpolitik_2019-11-22_Druck.pdf
4 beyond the obvious, “Die Lüge von der gewinnbringenden Rettung”, June 2018
https://think-beyondtheobvious.com/stelters-lektuere/best-of-bto-2018-griechenland-die-luege-der-gewinnbringenden-rettung
5 Adair Turner, “Between Debt and the Devil”, London 2015
6 コロナ危機に際して、ドイツ特別諮問委員会は特別報告を出し、危機を抑制するための他の手段、すなわちユーロ債やいわゆる連邦準備銀行からのヘリコプターマネーを拒絶した。FAZ, „Wirtschaftsweise halten Rezession für unvermeidbar“, 30. March 2020
https://www.faz.net/aktuell/wirtschaft/konjunktur/sondergutachten-corona-auswirkungen-auf-die-deutsche-wirtschaft-16703191.html?printPagedArticle=true#pageIndex_3
7 Target 2について、詳細は著者のブログ「beyond the obvious」および著書「„Märchen vom reichen Land – Wie die Politik uns ruiniert“, Munich 2018」を参照のこと。
8 European Central Bank, “Statistical Warehouse”
http://sdw.ecb.europa.eu/reports.do?node=1000004859
9 *Financial Times*, “Ireland shows the way with its debt deal”, 10 February 2013
https://www.ft.com/content/a4564eae-713a-11e2-9d5c-00144feab49a
10 *Financial Times*, “FT Interview: Emmanuel Macron says it is time to think the unthinkable”, 16 April 2020
https://www.ft.com/content/3ea8d790-7fd1-11ea-8fdb-7ec06edeef84
11 *Financial Times*, “Draghi: We face a war against coronavirus and must mobilise accordingly”, 25 March 2020
https://www.ft.com/content/c6d2de3a-6ec5-11ea-89df-41bea055720b?shareType=nongift
12 Die WELT, „Deutschlands globaler Abstieg scheint ausgemacht“, 1. February 2020
https://www.welt.de/wirtschaft/plus205495237/Deutschlands-globaler-Abstieg-scheint-ausgemacht.html
13 Stiftung Marktwirtschaft: “Ehrbarer Staat? Wege und Irrwege der Rentenpolitik im Lichte der Generationenbilanz”, 22. November 2019
https://www.stiftung-marktwirtschaft.de/fileadmin/user_upload/Pressemitteilungen/2019/Rentenpolitik_PG_22.11.2019/PK-Folien-Ehrbarer-Staat_Rentenpolitik_2019-11-22_Druck.pdf
14 Statista, “Entwicklung der Lebenserwartung bei Geburt in Deutschland nach Geschlecht in den Jahren von 1950 bis 2060(in Jahren)”
https://de.statista.com/statistik/daten/studie/273406/umfrage/entwicklung-der-lebenserwartung-bei-geburt--in-deutschland-nach-geschlecht/
15 Statista: „Erreichbares Durchschnittsalter in Deutschland laut der Sterbetafel 2016/2018nach Geschlechtern und Altersgruppen“
https://de.statista.com/statistik/daten/studie/1783/umfrage/durchschnittliche-weitere-lebenserwartung-nach-altersgruppen
16 *Financial Times*, “The world must wake up to the challenge of longer life-spans”, 28 February 2020
https://www.ft.com/content/b517135e-5981-11ea-abe5-8e03987b7b20
17 Die WELT: “Was Unternehmen Senioren bieten müssen, um sie im Job zu halten”, 12. July 2017
https://www.welt.de/wirtschaft/article166579087/Was-Unternehmen-Senioren-bieten-muessen-um-sie-im-Job-zu-halten.html
18 Robert Bosch Stiftung: „Produktiv im Alter“, October 2013
https://www.bosch-stiftung.de/sites/default/files/publications/pdf_import/BI_ProduktivImAlter_Online.pdf
19 Federal Ministry for Economic Affairs and Energy, “Wachstum und Demografie im internationalen Vergleich”, July 2015
https://www.bmwi.de/Redaktion/DE/Publikationen/Wirtschaft/wachstum-und-demografie-im-internationalen-vergleich.pdf?__blob=publicationFile&v=3

第10章

企業：どのように生き残り、勝利するか？

本書の読者の多くは企業に勤め、コロナ危機や政府の対応を考慮して、今後の正しい戦略とは何かと自問しているかもしれない。そのため、この章ではいくつかの提案をしてみようと思う。

2009年の金融危機に際して、元同僚のデビッド・ローズとわたしは連載記事[※1]と著書[※2]を出し、危機に対処する方法を提言した。それではいまその記事や本を読み直し、最新の実例に置き換えるだけで十分だと思う人もいるかもしれないが、それは明らかに間違いだ。

もちろん、当時の状況にも現在の状態にも当てはまる一般的なヒントもある――「コストを下げて売上を増やす――これでいつでもうまくいく」といったモットーに従うことはその一例だ。

しかし、見当違いで誤りとしか言えない提案もある。コロナ危機は、リーマン・ショックよりもはるかに大きい根源的影響を景気や企業に与えるからだ。国の緊急措置は10年前とは内容も異なり規模も大きいだけではなく、市場の競争原理を根底から覆すことにもなった。最終的に、この新たなルールにもっともうまく順応したものが勝者になるだろう。

では、企業が新しい世界に順応するための15のアイデアを紹介しよう。

1. 素早く、一貫した行動を

簡単に言うと、これはもっぱら企業の生き残りにかかわる。つまり、流動性を確保することを意味するが、現在のように国の援助が貸付や干渉という形でしかなされない状況ではとくに重要である。国の介入を避けるためにも、そしてコロナ危機後の機動力を維持するためにも、企業では流動性保持にあらゆる手を尽くさなければならない。流動性が保証されれば、落ち着いて次の手段に優先順位をつけることができる。

過去の景気後退期の体験から、素早く行動を起こし首尾一貫していた企業は、他社よりもうまく危機を乗り越えるとわかっている。高速道路でブレーキをかける場面を想像してほしい。早めに強くブレーキを踏むほうが、遅すぎるよりましだ。したがって、危機のはじめにコスト削減のブレーキを強く踏むほうが、対処が遅れてあとであわてて過剰反応するよりよい。

しかし、決然とした行動には長期計画が必要だ。つまり経営者はどれが未来の成長分野なのか、どれが根本的な改革に直面したり存在意義が問われたりする分野なのかを把握していなければならない。それがわかっていれば、この状況のどこでチャンスが巡ってくるか、それを活かすために何が必要かを考えることができる。

2．別のシナリオを想定した計画は必須である

ビジネスにとっていちばんの問題は、計画が立てられないことだ。疫学者は、ある対策をとれば十分だから感染のさらなる波を心配する必要はなく自粛や規制も必要ないと、確信をもって断言することはできない。1918年のスペイン風邪でも第2波、第3波に襲われたことを忘れてはいけない。同じように、新型コロナウイルスのパンデミックも今後何度も発生する可能性が非常に高い。有効な治療薬やワクチンができないかぎり、このリスクは考慮されるべきだ。最悪のシナリオでは、日常生活に制限がかけられる生活が2年は繰り返されると見積もられている。

それゆえに、企業には過去とは異なるビジネス環境のシナリオを定め、それを売上高やコスト構造にいかに反映させるかをはっきりさせる必要がある。

・ありそうもないシナリオ「V」：特定の産業や企業にとってのみ現実的である。

- 基本的なシナリオ「U」：今年後半に業績回復に着手する。
- 「W」：コロナがふたたび流行し、家庭や企業への規制が戻る。
- 「L」：「U」と「W」の混合型で、今後はコロナ以前とは異なるサステナビリティ重視の世界が続き、需要も低下する。

各シナリオの評価は政治力学のかかわりでさらに複雑化するので、どれが正しいかは誰にもわからない。EUの共同債務負担の議論、進行中の通商摩擦、地政学的問題も不確定要素をおおいに増やしている。

こうしたシナリオとよく練られた財務モデルを突き合わせてのシミュレーションを、企業は時間を費やしてでもやるべきだ。それは売上高、コスト、フリー・キャッシュフローに何をもたらすのか？　ひときわ大きな打撃を受けるビジネス分野はないか？　それを阻止するには何をすべきか？　バランスシートの検証も重要だ。この検証で影響を受けない資産があるとはほぼ考えられない。異なるシナリオで見た場合、自己資本比率はどうだろう？　自己資本比率を上げる必要があるなら、そのために何ができるのか？

3．競争相手はどうか？

ベンチマーキングはとにかく欠かせない。あなたは競争相手、自社の相対的位置、そして強みと弱みを知っている。競争相手はこの状況に自社よりうまく対処しているだろうか、それとも対応に苦慮しているだろうか？　一方で、この分析は自分自身の行動や優先順位の選択肢を確認する手助けになる。また同時に、この分析で競争相手との協力の機会や、ひょっとすると買収のチャンスがあるかどうかもわかる。ある顧客グループが競合相手にもはや満足していないなら、市場シェアを拡大するための行動ができる。

自分自身の組織のシナリオと競合他社のシナリオの分析結果を活用して、自社の対策に欠けているものを明らかにするべきだ。

4．負債と政治介入が古い習慣を変える

未来の成長シナリオを把握するのは、10年前よりも難しい。国の介入の影響もより広範囲におよんでいる。リーマン・ショックは金融部門の安定性の問題だった。現在、我々は実体経済のルールの根本的変化に直面している。ちょうど政府の支援策が具体化するころ、我々は非常に大きな企業負債と政治介入の増加へ向かって走っているだろう。これは企業

間の競争状態を変えるばかりか、個々の企業の競争力も変えてしまう。

国の介入で——株式であれ負債であれ——通常なら市場を去ったであろう企業が市場に留まることが懸念される。たとえば、そうした企業が受注を勝ち取るために値下げ攻勢に出ると予想できる。企業が流動性に集中しなければならないときには珍しい手法ではない。長期的に見るとこのアプローチはそうした企業の競争力を弱めるだろうが、短期的に見ると、価格圧力はあらゆる市場参入企業にとって状況を難しくするだろう。さらに、不公正な競争優位性を得る傾向が増しそうでもある。それゆえに、企業は独占禁止法や特許保護のなかで競争力を高めなければならない。

一方、国の関与は産業界の再編成や過剰生産能力の修正を妨げる。もはやかつての利用者数や販売数に頼れない市場では、とくにその傾向が強い。好例になりそうなのが航空業界だ。企業や経営者はビデオ会議でこと足りると気づき、今後は直接顔を合わせる会議はどんどん減ると考えているためだ。同じように、実店舗の小売りの市場シェアの喪失はオンライン小売りの普及により加速しそうだ。

今後、国の介入の影響がビジネス上の決断にゆがみを与えるに違いない。つまり、企業は普段以上に集中して競合相手に対処しなければならない。ライバル企業はどの戦略を実行しているのか、そして国の介入はどう歪曲的なのか？　ライバル企業の財務上の弱点から利益を得るために、相手を買収したり吸収したりする機会はあるだろうか？

5. 独立を取り戻す

国の介入は企業の行動に直接的な影響を与える。企業は自社の利益のために、介入による政府の保護を——もしあれば——利用するか、可能なかぎり速やかに負債を完済しようとする。危機後も生き残るために政府の支援に頼らざるを得ない企業は、負債返済の戦略を練らなければならない。おそらく急ぐ必要はないはずだ。政治家は、やむを得ない借金の返済に集中する負債の多い民間部門は、景気回復には貢献できないと即座に判断する。そのため、負債免除の方法が議論されるだろう。それは長期間の利子支払い猶予から負債の全額免除に至るまで、多岐にわたるべきだ。

早期に負債を返済するのは馬鹿正直かもしれない。時間を稼いで債務の再編や免除を交渉しつつ、ビジネスに投資するために基金を活用するほうが賢明だ。何より、ビジネス・モデルの革新と再編成を通して競争優位性を得ることに尽力すべきだ。過去のパンデミックから、それが結果的に消費者の行動と選択を永遠に変える大きな構造変革につながるとわかっている。その変化に順応することが大切だ。

6. 中核戦略としてのレジリエンス（回復力）

コロナウイルスは、深刻な外因性ショックに打ち勝つことは難しいと示した。そのため、将来的にそうしたショックを、最低でも一部は投資家や債権者のリスクアセスメントに組み入れることを想定しなければならない。そうなると、株式と流動性の条件はよくなるだろう。

財務レバレッジのほかに、営業レバレッジはビジネス・モデルと企業のレジリエンス（回復力）を判断する際の鍵だ。ここでは、コストを調整する柔軟性を意味する。今回の危機はコスト柔軟性の価値を示した。バリュー・チェーンへの批判的視点も必要だ。コロナ危機で、危険性の低い分野のアウトソーシングが加速し、サプライチェーンの再編成の機会が生まれた。後者は好機でもあり、脅威でもある。生産拠点変更の目下の流れは、コロナショックが原因で大規模に加速すると推定できる。損益分岐点は低下させなければならない。

7. 徹底的なコスト削減

コストの徹底的な削減も必要だ。コスト削減が可能な分野はすでに大部分わかっている。好景気の時代には、こうした方法は望まれないし、事実実行されてこなかった。いまこそ、かつて不可能だと思われた経費削減に取り組むときだ。この対策の中身は過去にすでに明確にされているので、適切ではない分野のコストを削減してしまう危険性はかなり低い。いずれにせよ、かなり前から解決すべきだった問題に手をつけるための環境がいまは整っている。

近い将来、もはや交渉では長らく存在した非効率性を修正できなくなるだろう。ルフトハンザドイツ航空は、長期にわたり高コストに苦しんできた子会社の格安航空会社、ジャーマンウイングスの運航終了でそれを示した。ルフトハンザのやり方には一切妥協がなかったかもしれないが、この例でわかるのは、根本的な問題に取り組むまたとない機会をコロナ危機が提供したということだ。

利益率が低かったり、構造変化に対応できない工場の閉鎖も例外ではない。そのひとつが自動車産業だ。とにかく、電気自動車への転換は、旧来のテクノロジーの多くはすぐに用済みになることを示唆している。古い機器や生産力が利用できるような気がしたとしても、ただの錯覚だ。いま閉鎖を告げて、深刻な危機を理由に正当化することは、当然の選択だ。経済の回復段階に入ると、この対応はもっと難しくなるし、激しい抵抗にあうだろう。

コスト削減の典型的な分野は、管理職の削減、中核機能の集中化、末端活動のアウトソーシングである。今日の状況では、サプライヤーとの交渉にもかなりの可能性があるはずだ。

投資予算の再検討も同様である。どんなに理論的考察を重ねても、大半の企業の投資は従来のビジネス分野の古いテクノロジー開発には過多で、新たなビジネス分野には過少だ。コンサルタントなら、ポートフォリオのいわゆる「金のなる木」が多くを得すぎて、「花形」が十分な餌をもらっていないと言うかもしれない。これも平時への過度なこだわりの結果だ。コロナ危機を効果的に利用してこれに対抗するべきである。

そして、こうした対策の結果にいまだに不安を感じるなら、こう自問してみよう。競合相手が現在可能なコスト削減の機会を徹底的に活かし、自分がそうしなかったらどうなるだろう、と。競合企業に今後数年間で追いつくのは簡単ではないだろうし、そもそも不可能かもしれない。

8. セールス、セールス、セールス!

構造面でも規模面でもコスト削減のチャンスをつかむことは重要だが、販売計画を立てる際にはよりいっそうの一貫性をもたせることも重要だ。売上にとって大切なのは、価格のみで判断されないように、回復期に消費者の購買意欲を刺激して力強いスタートを切ることだ。たとえば、営業スタッフのための強いインセンティブがそれを可能にする。同じことがマーケティング経費にも当てはまる。長期のイメージに照準を合わせる代わりに、即時購買の意欲喚起を一時的な目標に設定するべきだ。

この危機は万人に影響を与えるので、競争の激しさは著しく増すだろう。だからこそ売上やマーケティング用の適切な対策を用意しなければならない。これには顧客の分析も欠かせない。多くの消費者はこの危機のあいだ、収入が減ったり断たれたりした。通常どおりの収入が続いたグループもあったが、外出制限等の規制が理由で消費が減っている。ここには潜在的な購買力があるので、独創的な方法を使えばあなた自身が舵取りして方向を決めることができる。さまざまな緩和策の期間に、一定時間が経過したあとでないと利用できない商品——たとえば旅行のような——の供給者は、支払いを確保するための仕組みをすぐに使うべきだ。そうしなければ、その支払いはいますぐ手に入る商品の消費へと流れてしまう。考えられるのは、商品券モデルや割引キャンペーンだ。

9. 信頼できるパートナーであり続ける

社会的信用への投資は大切だが、現在のような例外的な状況ではとくに価値がある。顧客、サプライヤー、従業員、投資家にも同じことが当てはまる。多かれ少なかれ、誰もがコロナ危機の影響を受けている。世界的な企業が、たとえばアディダスが率先して賃貸料の支払いをやめたら、たとえそれが株主を落ち着かせるためだったとしても、会社の評判には大きな傷がつくかもしれない。

もちろん家主も利益を得ながら、テナントの流動性と資本力の確保にも貢献しなければならない。これをすべての関係者が協力して成し遂げることが重要だ。サプライヤー、顧客、従業員に関しても同じである。企業の財務が健全で、そのパートナーがいまの時代を乗り切れるように手助けすれば、社会の評価と信用をおおいに高めることになるし、それだけで未来の競争で優位に立つだろう。信頼は重要な資産だ。これは間違いない。

10．経済戦略を活かす

コロナ危機から経済が回復するには時間がかかるだろう。多くの企業では、生産の再スタートはゆっくりと始まるはずだ。必要な原材料や部品がそろっていないだろうし、それ自体が生産されるのに時間が必要だからだ。レストランはテーブル間のソーシャルディスタンスを確保すればオープンできるが、多くの店はそれでは利益が出ない。大規模なイベントやコンサート、クラブ、多くの人が密集する場の規制はまだまだ続きそうだ。政治家は経済回復を見据えた計画をすでに議論している。

消費支援のための短期間の現金注入以外にも、大規模な財政支出計画が議題にのぼりそうだ。その計画は、パンデミック以前から政策課題の中心だった分野に集中するだろう。インフラ整備、デジタル化、そして気候変動戦略には、以前にもまして資金が供給される。これは政府の財政支出計画の恩恵を受けるチャンスだ。企業は追加需要からいかに利益を得るか、予測される助成金を来るべき投資にいかに使うか、熟慮すべきだ。

11. 脱グローバル化に備える

バリュー・チェーンのグローバル化は、コロナ危機以前からすでに後退し始めていた。金融危機や保護貿易主義の台頭――ドナルド・トランプ大統領以前から見られた――そして技術革新の結果である。CO_2削減に向けた取り組みも地域内の生産や地産地消を推し進めている。コロナ危機で、世界的なバリュー・チェーンがいかにもろいかが露呈したのである。

これで企業や政治家はバリューチェーンの地域回帰を促進することになる。これはチャンスでもあり、リスクでもある。たとえば、ヨーロッパ内での製品流通を増やすチャンスであると同時に、ヨーロッパ内で付加価値を高めて全面的に、あるいは部分的に輸出に頼っている企業にはリスクだ。企業は、商品を売る地域内での生産量を上げるしかないだろう。適切な量の生産、適切な人材の雇用に加えて、知的財産保護を訴える声も高まる。さらに、同じ難問に直面している他の地域の企業と協力しているかどうか、バリュー・チェーンの変革の中で互いに助け合っているかどうかも確認する必要がある。

12. 雇用を守り、雇用を増やす

第一に、どのような対策であれ行き着く先は人員削減だ。競争力を取り戻し、コロナ危機後の新しい世界へ向き合う姿勢という視点では正しいが、今起きている人口学的変化の視点では問題が多い。たとえば近年、ドイツの企業では生産性の低下に見舞われている。生産需要に見合う人数以上の従業員数を守り、近い将来予想される労働人口減少に備えた結果だ。未来のビジネス・モデルに関係する従業員が企業に留まり適切な訓練を受けるための、コスト調整する必要がある。

同時に、自動化とデジタル化が加速する。地域回帰がコスト圧力と手を取り合うことは明らかで、これに対抗できるのはテクノロジーの継続的利用だけだ。ここでも、企業内の障害や反対意見を取り除くためにコロナ危機が利用できる。目の前の脅威を理由に、速やかに雇用の新たな方向性に承認を得るべきだ。

いずれの場合も、経営者は生産性の向上に注力すべきだ。経済発展に関するもっと悲観的なシナリオも視野に入れると、企業はますます利幅が薄くなると予想できる。増加したコストを顧客へ全面的に転嫁することはできない。

13. インフレが戻る

金融危機後、中央銀行の対策を考慮して、インフレが戻ると予想した専門家はかなり多かった。実際インフレにはならなかったが、大半のお金が金融システムの中で滞り、資産インフレにつながった。今回は違うはずだ。中央銀行は今後数年間もっと大胆な手を打つだろう。これは財政支出の増加と関連するので、気候変動対策やグローバル化の（部分的な）反転、物価上昇が予測できる。さらに、過去のパンデミックからはっきりわかることがある。パンデミック後はつねに賃金が大きく上昇しているのだ。ロンドンのペストやスペイン風邪だけではなく、もっと犠牲者が少ないパンデミックでも同様だった。

これが理由で、企業はパンデミックが抑え込まれたあとの景気回復の第一ステージで、コスト増と一般的なインフレ環境に向き合わなければならないだろう。増加したコストを市場に全面的に転嫁するのは難しい。さらに、高インフレ率に対処する経験も欠けている。というのも、ここ数十年間はほとんどデフレ傾向だったためだ。おもな原因はグローバル化である。コストと効率に大きな重点を置くことに加えて、企業は価格戦略のアプローチをより進化させなければならない。革新的な価格戦略は重要性を増している――たとえば、預貯金のように計算可能な顧客利益に基づいて価格に多様性を持たせたり、単に製品を売るのではなくレンタル・モデルを確立したりすることで、戦略の幅は広がるだろう。

14. 新しい世界

コロナ危機と1930年代の大恐慌を比較すると、類似点は明らかだ。株式の大暴落で世界が陥った深刻な不況は、結局、軍事力と戦争によって克服するしかなかった――その資金を援助したのは中央銀行だったのだ。しかし、これが唯一の類似点ではない。当時はエネルギー生産、自動車産業、貿易、仕事のやり方における根本的な技術革新が進行していた。それは現在も変わらない。なぜならかなり以前から、我々はここ数十年で最大の大変革を体験しているからだ。現在のコロナ危機は、変化を推し進めるだろう。危機以前に存在した多くのトレンドが加速し、それ以外は後退しているという事実から、一人ひとりがそれに気づくかもしれない。

変化は深いところから起こるので、数週間前の予想より早く既存の秩序が違うものになるだろう。これは中国の例にも見られる。経済は規制が解除されて以来回復したが――3月末の電気消費量は危機以前のレベルの80%だった――消費者はまだ動揺している。調査によると、中国の人々は以前より外食の予定を減らし、健康管理や医薬品、健康的な食品にいっそうお金をかけている。もちろん、行動が永遠に変わったと考えるのは時期尚早だ。しかし、パンデミックの結果で他国の例を分析する価値はある。

危機以前と同じ状況に戻ると予想できる企業はひとつもない。消費者の動向や嗜好におよぼす心理的な影響は現時点では予測できない。だからこそ、そのためのシナリオを用意することが重要だ。コロナショックがあなた自身の顧客に与える影響のひな型を作るためである。そのシナリオは短期間のものではなく、構造的変化も考慮するべきで、受け身でありながらも行動的であることが重要だ。現在進行中の変革とそこからの利益をどのように活用できるだろう？

15. 攻撃！

既存の問題が解決されたら、次はいよいよ攻撃だ。今後数ヵ月間、自分自身のリスクを明らかにし、それを制御する努力をしてきた人には多くのチャンスが訪れるだろう。企業の買収、資産の安価な買い取り、国の助成金の利用――これらは考慮に値するし、素早く行動するための環境を用意してくれる。

市場シェアの拡大やライバル会社の買収のチャンスはもちろん、新たなテクノロジーから生まれるチャンスにも要注目だ。我々は、これまでとは完全に異なるビジネス・チャンスやビジネス・モデルへつながるデジタル化と自動化の大きなうねりを体験するだろう。そこで必要になるのが、新たな機器やシステム、研究開発への投資だ。とくに、あらゆる企業に効率と生産性アップが求められるなか、変化に伴う設備の需要が増すことになる。

そのため、目下の活動低下の期間は、費用削減や販売戦略の修正だけではなく、革新のための活動にも充てられるべきだ。革新の可能性はかなり高く、とくに開発部門と生産部門の協力に潜在性がありそうだ。現在の比較的落ち着いた状況を活かしてさらに根本的な問題解決に取りかかるのも意味がある。過去の危機でわかったのは、企業が首尾一貫して、何より競合他社より素早く行動すれば、市場シェアをかなり広げるチャンスがあるということだ。

コロナ危機はいずれ収束する

それまで確実に生き残り、上昇準備をするための対策は――この間違いなく不完全なリストが示すように――山のように存在する。すべての対策がそれぞれのケースに関連しているわけではないので、優先順位をつけ（その際は緊急性、財務上の影響、履行の難易度、付随するリスクを基準とするべき）、明確な計画に則って実行することが不可欠だ。

このために危機管理チームを組織・活用するのは理にかなっている。危機管理チームが対策の優先順位を決め、リソースを個々の作業ラインに割り振り、完遂までの過程を監督し、経済情勢に応じて修正を加える。全体最適で行動する企業はこの危機を乗り切る余地があるだけではなく、危機から生じるさまざまな機会を利用できるはずだ。

社会を根本から揺るがす出来事の長所は、既存の秩序を徹底的に混乱させることだ。「チャンスは心の準備のできた者だけを好む」。これはルイ・パスツールの有名な言葉だ。コロナ危機は、誰も予期していなかった衝撃の出来事だったが、数ヵ月間で生まれるであろうチャンスは予言できている。それを最大限に活用しよう！

[参考文献]

1　*HARVARD BUSINESS REVIEW*, "Seize Advantage in a Downturn", February 2009
https://hbr.org/2009/02/seize-advantage-in-a-downturn

2　『BCG流　競争戦略　加速経営のための条件』デビッド・ローズ、ダニエル・ステルター著、酒井泰介訳、朝日新聞出版、2010年

第11章

変化を促進するコロナウイルス

西欧社会では、長期にわたって問題が積み重なってきた。経済の低成長、横ばいの収入、不平等な富の分配の拡大、増え続ける負債と膨らむ投機が、現在の状況をつくり上げた。これらはどれも、未解決の金融危機とユーロ危機の直接的な結果である。

我々が直面している深刻な経済危機——ここ10年間で2回目——が、今これらの問題を明るみに出した。詳細に見ると、政治家が厄介で有権者に人気のない決断を避けたことがはっきりする。こうした問題への解決策は政治的にも人気がない。当たり前になってしまった低金利資金から離れ、代わりに生産性を向上させて債務超過を削減する真の改革に向かわなければならないのだ。そのうえヨーロッパでは、ユーロが経済をまとめるどころかその分断を加速させている。

政治的に見ると、現在の危機の原因がウイルスという外的ショックだったのは幸運だ。政治家にとっては、ここ数十年の有害な政策の結果を修復する格好の口実になる。その政策は、増える一方の借金と、財源のない口約束が頼みだった。最近まで、中央銀行が第二次世界大戦中と同じ規模で国に融資をするとは、そしてユーロ圏の負債が国営化されるとは、想像もつかなかった。これは遅かれ早かれ現実のものとなる。

戦争ではなくウイルス

1930年代の世界恐慌との類似点は明らかだ。「狂乱の1920年代」の終焉へ向かって、世界は多額の負債、膨らむ投機、国際的な経済不均衡にも直面した。株価の大暴落で世界はデフレによる不況に陥り、それは各国が推し進めた軍事化と最終的には第二次世界大戦によって克服するしかなかった――どれも資金供給したのは中央銀行である。

しかし、類似点はこれだけではない。当時と同じように現在も、社会はテクノロジーの根本的変化の段階にある。当時は新たな産業――自動車、化学、航空機はほんの数例にすぎない――が経済活動や人々の生活を根底から変えた。技術革新の段階では、金融市場や実体経済でかなりの混乱が起こる。既存の産業は生き残りのために闘い、新しい世界に合わせて変身しようとする。一方、新規産業は、ますます強く前面に出始めている。副作用として、旧来の産業が新技術への投資の代わりに金融工学によって利益を増やそうとするのは珍しいことではない。これもここ数年続いてきた現象だ。

今回の危機は、過去の危機以上に変化を促すだろう。危機以前から存在したトレンドが加速する一方で、その他は後退することから気づく人も多いはずだ。ここでいくつか例を挙げよう。

・デジタル化とオンライン取引に大きな弾みがついた。新型コロナウイルスの流行がなくても、既存のアナログの事業者の衰退は予想できていたので、いまや減少スピードが増しているだけだ。街の中心部の店舗は減るだろう。
・オンライン会議ができれば、世界中を飛び回る必要はないと明らかになりつつある。航空業界がコロナ危機以前のレベルをめざすとしても、達成には長い時間がかかるだろう。
・在宅勤務は、オフィス勤務に比べて必ずしも生産性が低いとは言えないとわかってきた。「ホーム・オフィス」はコロナウイルス後の世界の勝者だ。
・グローバル化にかかる圧力は増している。自国産の製品を使うことに伴う高コストを一人ひとりが受け入れることになるだろう。
・自動化、デジタル化、ロボット使用のトレンドは相当強まっている。

・企業経営は慎重さを増し、純資産比率やバリュー・チェーンの安定性を高めることで、危機管理能力を向上させるだろう。
・ふたたびインフレに傾く。これは人口統計学の変化から予測できたが、予測よりも早まりそうだ。

政治家が1930年代から得た教訓に留意し続けることを願うばかりだ。金融政策や景気刺激策においては、政治家は教訓を活かした。新たな世界恐慌を防ぐためにあらゆる手が準備され、それによって庶民におよぶ経済的影響が最低限に抑えられている。同じく重要なのは、政治家が対決ではなく協調に頼り続けることだ。世界恐慌は各国が競うように保護貿易主義へ向かったために悪化した。コロナウイルス以前からすでにこの傾向は始まっていたが、その原因は保護貿易主義の立場をとるドナルド・トランプだけではない。貿易への介入は先の金融危機以来大きく増しているのだ。

政治家はますます保護貿易主義へ走りそうになっているが、これはなんとしても阻止しなければならない。もし定評のある新聞が、たとえば「ワシントン・ポスト」紙がウイルスは中国軍の研究所由来かもしれないと論じたら、激しい貿易戦争の脅威が現実味を帯びる[※1]。これは経済回復をさらに弱めることになりかねない。

我々の世界は、1930年代のような破滅的な状況を飛び越えて、復興の段階へ直接移行できると私はいまだに確信している。具体的には、積極的な政策と中央銀行の惜しみない支援によって大規模な経済復活を遂げる世界だ。しかし、これは国がビジネスを管理するという意味ではないし、そんなことは誤りだ。


とはいえ、ビジネス環境を整えることができるのは国だ。新しいテクノロジーはスタートラインにつき、いまにも広範囲の産業で改革を推し進めそうだ。このテクノロジーの大半にはすでに競争力があるので、助成金は必要ない。代わりに新しい段階へ方向転換するための刺激を与える体制が必要だ。未来学の研究者トニー・セバは、印象的な講演で、環境保護と両立する技術革新によって社会がますます繁栄する可能性がいかに大きいかを示した[※2]。

講演でセバはニューヨーク5番街の2枚の写真を見せる。1枚目については、車が見えますか、と聴衆にたずねる。車は無数の馬車にまぎれている。2枚目は、馬車が見えますか、とたずねる。馬車は無数の車に囲まれている。1枚目から2枚目の撮影まで、10年も経過していない。多くの技術革新は、消費者に多くのメリットをもたらしただけではなく、既存の技術よりも著しく安価だったとセバは述べている。これは技術革新が社会にどう影響するかを理解しない人にとってはかなりの驚きだ。

同じことが現代の大問題にも当てはまる――気候変動との闘いだ。ひとたびパンデミックが収まり目下の経済問題が決着すれば、気候変動が政治課題に戻るだろう。楽観的に考えれば、この問題には国際社会がこれまで以上の熱意を見せるはずだ。また、環境問題への対処法も進歩する技術のなかに見つかるだろう。CO_2排出量の大規模な削減を助ける広範なテクノロジーがすでに利用可能だ。政治がCO_2削減の厳格な方法を規定したくなる誘惑と戦わなければならないのはこれが理由だ。どの技術がすぐに普及するかは誰にもわからない。それゆえに明確な枠組みを設定することが重要で、つまりはCO_2排出量を減らすためにその価格を決めることに他ならない。さらに、政府は研究開発に豊富に資金を注入すべきである。

第二次世界大戦後の復興期のように、気候変動との闘いは新たなテクノロジーの普及を後押しし、経済成長を促すと期待できる。そうすると生産性の向上が予想され、一人当たりの所得も増加するかもしれない。

脱グローバル化へ向けた避けがたい流れにもかかわらず、これは現実になるだろう。グローバル化の衰退はすでに始まっている。金融業界も世界貿易も、実際には先の経済危機のショックから決して回復していないからだ。気候変動防止策の検討と上昇するCO_2価格がこの傾向を強め、デジタル技術の進歩の過程でも同じことが見られた。コロナショックは世界的なサプライチェーンがじつはもろいものだと見せつけた。とくに今回の危機に際しての必需品――調合薬や医療機器、そして防護服は顕著だった。こうしたことからこの傾向はさらに加速するだろう。つまり早めに順応する国にとってはチャンスである。


一方で、新興国の人々にとって脱グローバル化は悪い知らせだ。1章では、過去数十年で貧困率が大幅に下がったことを確認した。何百万もの人々が貧困から脱出し、生活水準は向上した。これはグローバル化の直接的な結果だ。製品が新興国の市場へ届き、雇用を生んだためである。中国をはじめとする国々は、輸出への依存を減らしても発展し続けるレベルにまで到達したかもしれない。

だが、ほかの多くの国はそうはならないだろう。これは人類の悲劇であるばかりでなく、政治的安定と平和に大きなリスクをもたらす。そのため西欧社会では、グローバル統合の縮小の影響を補填する戦略を練る必要がある。すでに論じた負債の返済免除の他に、こうした地域での生産能力の増強や、それによって地域市場内で完結する独立構造を作り出すことが考えられる。

アジアの台頭

別の側面では、今日の状況は1930年代の状況に似ている。当時、旧世界の強国――イギリス――がアメリカに取って代わられた。現在は、本格的なライバル国がひとつある――中国だ。中国は高齢化社会、多額の負債、アメリカやヨーロッパに比較すると低い一人当たりGDPと格闘しているが、高水準の教育と強い勤労意欲に支えられている。

中国は西欧の作業台の延長という立場から脱却し、未来の重要なテクノロジーで先頭に立つ準備を進めている。5Gネットワークの構築では、中国のファーウェイ・グループに代わる選択肢が西欧にはないことを考えてみてほしい。

コロナ危機は中国から始まったが、いまのところ、西欧よりも中国のほうがはるかにうまく対処していると言わざるを得ない。アメリカとの直接比較でも、西欧はパンデミックとの闘いでまごついているとの結論になる。

中国の隣国である台湾、ベトナム、香港、シンガポールを見ると、西欧は感染拡大にもっとうまく対処できたはずだとわかる。台湾などの国々はパンデミック発生直後から首尾一貫した方法で、感染率をなんとか低く保っていたのだ。これらの国は中国に近いが、人口当たりの感染者数はヨーロッパよりはるかに少ない。コロナウイルス感染者が初期段階でとくに多かった韓国でさえ死亡率が他の国々よりもはるかに低く、パンデミックにいかにうまく対処できたかを示しつつある。しかし、こうした対策が長期的に見て成功だったかどうかはいまはわからない。たとえば、シンガポールでは当初の方針は成功したが、4月に感染の第2波に見舞われると店舗の休業といったさらに厳しい措置に頼らざるを得なかった。

アジアの国々が感染初期の抑え込みに成功したのは偶然ではなかった。彼らは過去のS

ARS流行の体験から結論を導き出していた。すると、どの社会体制が最良かという問題が持ちあがる。西欧社会はうまくいっているようには見えない。しかし我々のオープンな社会はパンデミックと闘うための監視や強制措置から生まれる損害を相殺できるということを、権威主義的な国々に示す必要がある。

この挑戦が何を意味するかは明確だ。西欧社会は、困難は多々あるだろうが、ともに危機を乗り越えなければならないのだ。これに関連して、わたしは私有財産が多い国ではあるがイタリアを救済する案を考えている。そうしなければ、EUとユーロが崩壊するかもしれない分岐点にあるからだ。

中国はこの分岐点を越えさせようと、すでに準備を整えている。中国人がこのEU危機に乗じてさまざまな企業やほかの重要な資産、たとえば港湾施設を手に入れるという危険が現実に迫っている。これはEU総出で防がねばならない――理由は、保護貿易主義阻止ではなく、ヨーロッパの団結を守るためだ。

「クリスマスまでに収束」するのか?

幸運にも、コロナウイルスのパンデミックは戦争よりはましだ。インフラは破壊されていないし、おそらく感染による死亡者も戦死者よりはかなり少ないだろう。しかし戦争と同じように、「クリスマスまでに収束する」だろうとの予測は誤りかもしれない。かつてのパンデミック、たとえば1918年のスペイン風邪の経験から、パンデミックは繰り返し発生し、第2波、第3波は最初よりも多くの犠牲者を生む可能性があるとわかっている。運良く抜本的な感染対策が導入され、治療薬やワクチンが早急に開発されれば、そうならずにすむ。それはまた、経済的損失がもはや正当化されないと理解することも含めて、政治家が正しい決断をするか否かにもかかっている。

これからはウイルスと共存する生活に備えなければならない。だからといって、我々が経済的にも社会的にも新たな段階に入りつつあることに変わりはない。「ピンチはチャンス」。この言葉はあまりにも陳腐だが真実だ。コロノミクスはすべての人に訪れる。

[参考文献]

1 *The Washington Post*, "How did covid-19 begin? Its initial origin story is shaky", 3 April 2020
https://www.washingtonpost.com/opinions/global-opinions/how-did-covid-19-begin-its-initial-origin-story-is-shaky/2020/04/02/1475d488-7521-11ea-87da-77a8136c1a6d_story.html
2 Tony Seba, "Clean Disruption", Robin Hood Investors Conference 2019
https://youtu.be/6Ud-fPKnj3Q

[著者プロフィール] **ダニエル・ステルター** Dr. Daniel Stelter

ベストセラー作家であり、戦略とマクロ経済を専門とするフォーラム「Beyond the obvious（ビヨンド・ジ・オブヴィアス）」（ウェブサイトとポッドキャスト）の創設者。経済危機と金融危機のスペシャリストで、グローバル企業と投資家につねに変化を続けるグローバル市場に関するアドバイスを提供。

[監訳者プロフィール] **岸博幸** きし・ひろゆき

慶應義塾大学大学院メディアデザイン研究科教授

1962年東京生まれ。86年に一橋大学を卒業して通産省（現経産省）入省。1992年コロンビア大学ビジネススクール卒業。小泉政権では経済財政政策担当大臣、金融担当大臣、総務大臣などの秘書官を歴任し、不良債権処理、郵政民営化などの構造改革を推進。現在は経済評論家として「グッドモーニング」（テレビ朝日）、「ミヤネ屋」（読売テレビ）、「全力！脱力タイムズ」（フジテレビ）などでコメンテーターを務める他、avex 顧問、総合格闘技団体RIZIN アドバイザーなどを兼任。

コロノミクス
世界経済はどこへ向かうのか？　我々は何を備えるべきか？

2020年（令和2年）8月1日　第1刷発行

著者	ダニエル・ステルター
監訳者	岸博幸
発行者	塚本晴久
発売所	アチーブメント出版株式会社 〒141-0031 東京都品川区西五反田2-19-2 荒久ビル4F TEL 03-5719-5503／FAX 03-5719-5513 http://www.achibook.co.jp [twitter] @achibook [Instagram] achievementpublishing [facebook] http://www.facebook.com/achibook
翻訳	水戸部弥生、二瓶邦夫、水野克彦、甲斐理恵子
翻訳協力	株式会社トランネット http://www.trannet.co.jp
装丁	轡田昭彦
本文デザイン	華本達哉（aozora.tv）
校正	株式会社ぷれす
印刷・製本	株式会社光邦

ISBN 978-4-86643-073-7